新版

大阪・兵庫・京都・奈良・滋賀・和歌山

関西トレイルランニング
コースガイド

山と溪谷社 編

新版
大阪・兵庫・京都・奈良・滋賀・和歌山
関西トレイルランニングコースガイド

Contents

OSAKA

大阪周辺のコース

HYOGO

兵庫周辺のコース

KYOTO・
NARA・SHIGA・
WAKAYAMA

京都・奈良・滋賀・和歌山のコース

ULTRA TRAIL

TRAIL RUNNING SHOPS

COLUMN

本書の使い方

［本書の記事や情報について］

本書の記事や情報は、平成26年10月から令和2年12月にかけて、各コースを実走取材してまとめたものです。以降、季節や時間の経過によって状況が変わっている可能性があります。交通機関の駅名、駐車場、ランドマーク、コンビニエンスストア、温泉などの位置や名称、営業時間や電話番号などについては、その後変更されている場合もあります。なお、各施設の利用料金は原則として大人料金を表示しています。

［コースデータについて］

コースデータは、著者が実走取材してまとめたものです。季節、時間、天候などによって印象が変わることもありますので、ご注意ください。

●LEVEL　各コースについて走力を基準にして4段階で評価したものです。
目安としては
LEVEL 1＝
ハーフマラソンを完走できる走力がある
LEVEL 2＝
フルマラソンを完走できる走力がある
LEVEL 3＝
40km以下のトレイルレース、またはフルマラソンを4時間台で完走できる走力がある
LEVEL 4＝
40km以上のトレイルレース、またはフルマラソンを3時間台で完走できる走力がある
で区分しています。

●トレイル率　各コースのトレイルとロードの割合を4段階で表わしたものです。
目安としては
トレイル率 1＝
トレイルが全体の約70%以下
（舗装道路・林道が全体の約30%以上）
トレイル率 2＝
トレイルが全体の約80%程度
（舗装道路・林道が全体の約20%程度）
トレイル率 3＝
トレイルが全体の約90%程度
（舗装道路・林道が全体の約10%程度）
トレイル率 4＝
トレイルが全体のほぼ100%
で区分しています。

●START・GOAL　主にコース最寄りの駅、バス停などとしています。

●走行距離　起点から終点までの走行距離です。市販の地図などから水平距離で計測しているので、GPSを使って実走した場合は距離に誤差が生じる場合もあります。

●累積標高　登った標高の総和を表わしたものです。

●コースタイム　コースを走行する際の目安のタイムですが、あくまで目安としてとらえ、経験値や走力を考慮して、余裕をもって行動してください。

●ACCESS　交通機関を使ったアプローチなどについての注意事項を記しています。

●ADVICE　実際にコースを走る際の注意事項を記しています。

［写真の番号について］

写真についている番号は、各コースの末尾ページにある地図上の番号と対応しています。

[地図について]

地図は正確を期して作成していますが、地図の縮尺によっては細部の道をやむをえず省略している場合もあります。また、各コースを走るときのアドバイスも地図上に記してあります。

●コースプロフィールマップ（高低図）
水平距離と垂直距離が各コースとも同一の縮尺ではないので、走行距離の長短によってはアップダウンの表現が誇張される箇所もありますので、ご注意ください。

府県庁	景勝地
市役所	山小屋（営業中）
町村役場	山小屋（無人）
学校	トイレ
郵便局	駐車場
警察署・交番	バス停
病院	新幹線
寺	JR 線
神社	私鉄
温泉	一般道路
墓地	高速・有料道路
道の駅	インターチェンジ
山	府・県 界
ゴルフ場	市・町・村 界
スキー場	水域

掲載コース全域図

大阪周辺のコース

- 01 箕面周辺
- 02 ダイヤモンドトレイル（紀見峠まで）
- 03 生駒山縦走
- 04 飯盛山ラウンド
- 05 紀泉アルプス
- 06 くろんど園地～交野山
- 07 金剛山いっき登り

兵庫周辺のコース

- 08 宝塚・中山～武庫川渓谷
- 09 播磨アルプス
- 10 大岩ヶ岳・丸山湿原
- 11 六甲山東部
- 12 六甲山西部
- 13 丹生山脈縦走

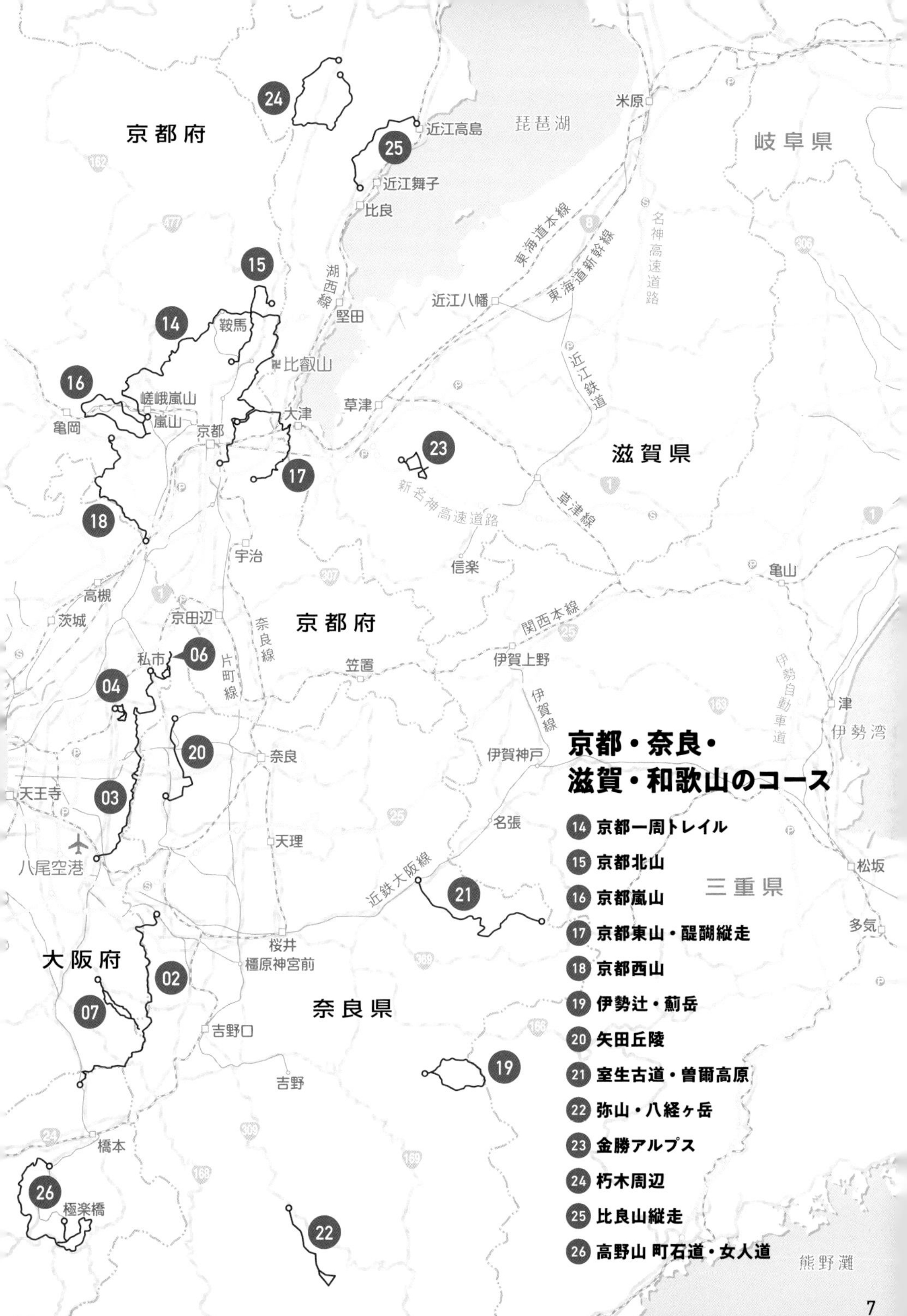
京都・奈良・
滋賀・和歌山のコース
14 京都一周トレイル
15 京都北山
16 京都嵐山
17 京都東山・醍醐縦走
18 京都西山
19 伊勢辻・蓟岳
20 矢田丘陵
21 室生古道・曽爾高原
22 弥山・八経ヶ岳
23 金勝アルプス
24 朽木周辺
25 比良山縦走
26 高野山 町石道・女人道
京都府
滋賀県
岐阜県
三重県
奈良県
大阪府
琵琶湖
伊勢湾
熊野灘
近江高島
近江舞子
比良
米原
堅田
比叡山
近江八幡
鞍馬
嵯峨嵐山
嵐山
京都
大津
草津
亀岡
宇治
信楽
亀山
高槻
茨城
京田辺
私市
笠置
伊賀上野
伊賀神戸
奈良
天理
名張
天王寺
八尾空港
桜井
橿原神宮前
吉野口
吉野
橋本
極楽橋
津
松坂
多気
湖西線
東海道本線
東海道新幹線
名神高速道路
近江鉄道
新名神高速道路
草津線
関西本線
奈良線
片町線
伊賀線
伊勢自動車道
近鉄大阪線

Column
1

知っておきたいトレイルランのマナー①

イラスト＝鈴木海太

登山者優先＆原則登り優先

登山では、すれ違う際は原則登りのほうが優先となる。個々の状況によっては下り優先になることもあるが、身軽で体力のあるトレイルランナーは、どんなケースでも先に道を譲る気持ちでいたい。なお、片側が切れ落ちた登山道で、対向者に道を譲る場合は、滑落のリスクをなくすため、山側で待機するように。

すれ違うときは歩行＆あいさつを

ハイカーに出会った際は、必ずスピードを落として歩こう。ハイカーに走っている姿を見られないくらいの意識で、余裕をもって減速したい。また、追い抜く際やすれ違うときはあいさつを交わすのが常識。さわやかに声をかけあえば、お互い気持ちもいい。タイムにとらわれて必死に走り続けるのは厳禁だし、かっこ悪い。

ゴミは必ず持ち帰る

当たり前だが、景観や環境を守るために、ゴミは必ず持ち帰ること。ゴミを故意に捨てるのは論外だが、多いのが、行動食の包装やジェルの切れ端などを気づかずに落としているパターン。包装はあらかじめ外してジップロックに移すなどして、落とすリスクを減らそう。トラッシュポーチをザックにつけておくと、なにかと便利だ。

登山道を外れない

植生に負荷がかかり、土壌流出につながる恐れがあるので、登山道を外れるのはNG。楽だからという理由で木段を避けがちだが、道を広げてしまうことにつながるのでやめよう。登山道は地元の山岳会などの有志が整備している場合が多い。整備活動に参加してみれば、道のありがたみや環境保全について、より理解が深まるだろう。

大阪周辺のコース
OSAKA

大阪

01 箕面周辺

白島北バス停 ➔ 勝尾寺 ➔ 明ヶ田尾山 ➔ 箕面大滝 ➔ 阪急池田駅

COURSE DATA

LEVEL	2 / 4
トレイル率	3 / 4
START	白島北バス停
GOAL	阪急池田駅
走行距離	28.8km
累積標高	1348m
コースタイム	約7時間

ACCESS

大阪メトロ御堂筋線・千里中央系からバスで白島北バス停へ。バス便は多く、15分毎に1本程度。阪急電車を利用の場合、箕面駅からロードを東へ約2km走れば同じトレイルヘッドにアクセスできる。箕面駅でもエスケープ可。

ADVICE

勝尾寺・箕面大滝という観光地以外にも車道に出ると自販機が豊富で、水は少なめで軽い荷物で走ることができる。箕面駅をゴールにしても充分に走り応えがある。またトイレなども多く女性にやさしいコースである。

大阪中心部からアクセス最高の自然林をめぐる

6

1

1—都心の近くにこんな自然林が豊富にあることに驚く　2—トレイルに入るとすぐに看板があり、随時現在地を確認できる　6—森の雰囲気は終始明るく、笑みがこぼれる

2

3｜ふかふかのシングルトラックを走る。自然とペースアップ！　4｜三十三ヶ寺のひとつ、勝尾寺は勝ち運ダルマで有名　5｜明ヶ田尾山の登り。トレースはなし　8｜明るい自然林が魅力だ。

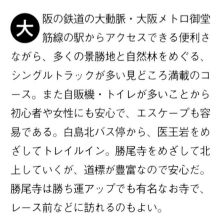

大阪の鉄道の大動脈・大阪メトロ御堂筋線の駅からアクセスできる便利さながら、多くの景勝地と自然林をめぐる、シングルトラックが多い見どころ満載のコース。また自販機・トイレが多いことから初心者や女性にも安心で、エスケープも容易である。白島北バス停から、医王岩をめざしてトレイルイン。勝尾寺をめざして北上していくが、道標が豊富なので安心だ。勝尾寺は勝ち運アップでも有名なお寺で、レース前などに訪れるのもよい。

コース中いちばんのおすすめは、明ヶ田尾山の自然林で、本書ではあえてトレースのない尾根コースを紹介した。プチ冒険気分が味わえるが、不安な人は定番コースを走ろう。箕面大滝は有数の観光スポットで、周りの行楽客に配慮が必要。

滝の前には食べ物屋さんがあり、補給ができるが、その分、誘惑に負けて箕面駅をゴールにしてしまいそうになる。それをグッとこらえて、六個山方面への登りをがんばれば、すばらしい展望地があり、充実感はアップする。

まずはこのルートをトレースしてから、数多くある派生ルートを自分で発見していく楽しみもあり、何度でも通いたくなる懐の深さが箕面エリアの魅力でもある。

7

10
12

7｜トレイルランに適したトレイルサーフェスが続く　10｜修験道の開祖・役行者の没地はこの天上ヶ岳である　12｜わくわく展望台と呼ばれる展望地。夜景もすばらしい

9｜みのお記念の森はトイレもあり休憩に最適　11｜箕面大滝は迫力満点。降雨後はさらに水量アップ　13｜五月山公園に向かってゴルフ場の脇を進む　14｜五月平展望台までくればゴールはもうすぐ　15｜最後までシングルトラックを走ることができる

立ち寄りスポット

unite（ユニテ）

トレイルランの装備をメインに取り扱い、ランイベントも多数開催。阪急箕面駅から徒歩1分の立地で、走り出せばトレイルにもすぐに入れるのも魅力。

箕面市箕面1-2-6箕面駅前ビル304　info@unite-shop.net

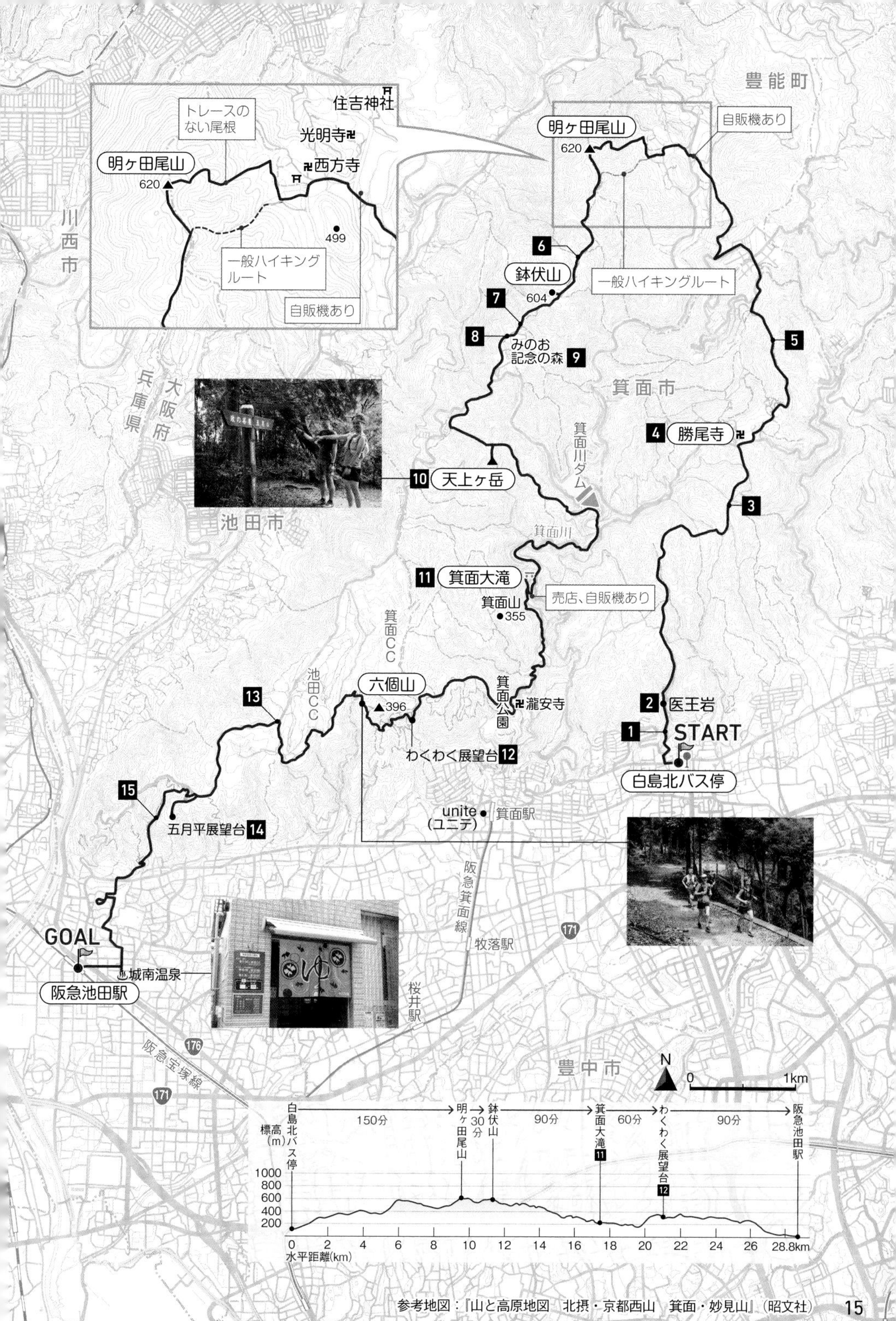

参考地図：『山と高原地図　北摂・京都西山　箕面・妙見山』（昭文社）

02

大阪・奈良・和歌山

ダイヤモンドトレイル（紀見峠まで）

近鉄二上神社口駅 ➔ 葛城山 ➔ 水越峠 ➔ 金剛山 ➔ 南海電鉄紀見峠駅

COURSE DATA

LEVEL	3 / 4
トレイル率	4 / 4
START	近鉄二上神社口駅
GOAL	南海電鉄紀見峠駅
走行距離	34.8km
累積標高	2349m
コースタイム	約6時間40分

ACCESS

近鉄二上神社口駅スタートが便利。JR・近鉄御所駅からスタートし、葛城山から入ることもできる。ゴールは紀見峠駅まで走るか金剛山から郵便道で、「かみきみの湯」へ下りれば、入浴後にバスで御所駅へ帰ることができる。

ADVICE

道の駅・二上パーク當麻で補給食を買うのがおすすめ。葛城山と金剛山には売店・食堂・自販機あり。水越峠には「金剛の水」と呼ばれるおいしい湧水がある。岩湧山を越えて滝畑まで行く場合はバス便の確認を。

まずは目標にしたい関西トレイルラン界の不動の定番コース

8

1

1｜二上神社口駅スタート　2｜まず道の駅で補給できる。地元のおいしい食べ物がたくさん　8｜葛城山山頂は広大な草原。四季折々の光景が見られる

2

関西のトレイルシーンにおいて定番中の定番ルートでありながら、四季を通じて何度走ってもまた走りたくなるこの道。厳しさと楽しさの配合が絶妙で、がんばれば心地よい充実感に満たされること間違いなしの、おすすめルートである。

また、日本最古のトレイルランナー!?役行者の若かりしころの修行の場であり、1300年の歴史を持つ古道であることも案外知られていない。特に金剛山（こんごう）山頂は巨木が立ち並ぶ荘厳な雰囲気で、関西で最も人を集める山だ。長い木段が悪名高いダイトレではあるが、この木段をただの苦行と思わず、登りでの体の使い方をマスターする意識で登ればトレイルランナーとしてひとつ成長できるはず。植林が多い前半だが、金剛山を越えると自然林のすばらしい高速コースに変わり、地形が人を走らせてくれるトレイルランの醍醐味が味わえる。

標高1000ｍを超えることから夏場でも3〜4℃涼しく、木陰も多いので快適。逆に冬は気軽に冬化粧の山を満喫できるが、路面は凍結していることが多く、チェーンスパイクか軽アイゼンの携行は必須。また葛城山の満開のツツジの季節（5月中旬）は、関西に住んでいるなら一度は見ておきたいすばらしい風景のひとつである。

3｜二上山は地元の方々に愛される山 4｜ダイトレは植林地が多い。整然とした杉林を進む 5｜登りもときには走ってみる 6｜岩橋山・葛城山は階段の連続。同じ動きの反復は精神的な修行にもなる

7｜葛城山山頂が近づくと自然林が出てくる　9｜葛城山から金剛山方面を望む。ツツジの季節は燃え盛るような景色　10｜水越峠への下りはお楽しみ。しかし飛ばしすぎると次の登りでバテてしまう　11｜金剛山山頂は境内の中　12｜敬虔な気持ちで参拝する。パワースポットだ　13｜冬はアイゼンかチェーンスパイクは必携

立ち寄りスポット

金剛山山頂売店

山頂でお参りした後は、直下にある昭和レトロ感満載の食堂兼売店へ。懐かしい落ち着く雰囲気でおにぎりやカップ麺が食べられる。ビールの誘惑に注意。

通年営業・金曜定休　御所市高天　☎0721-74-0020

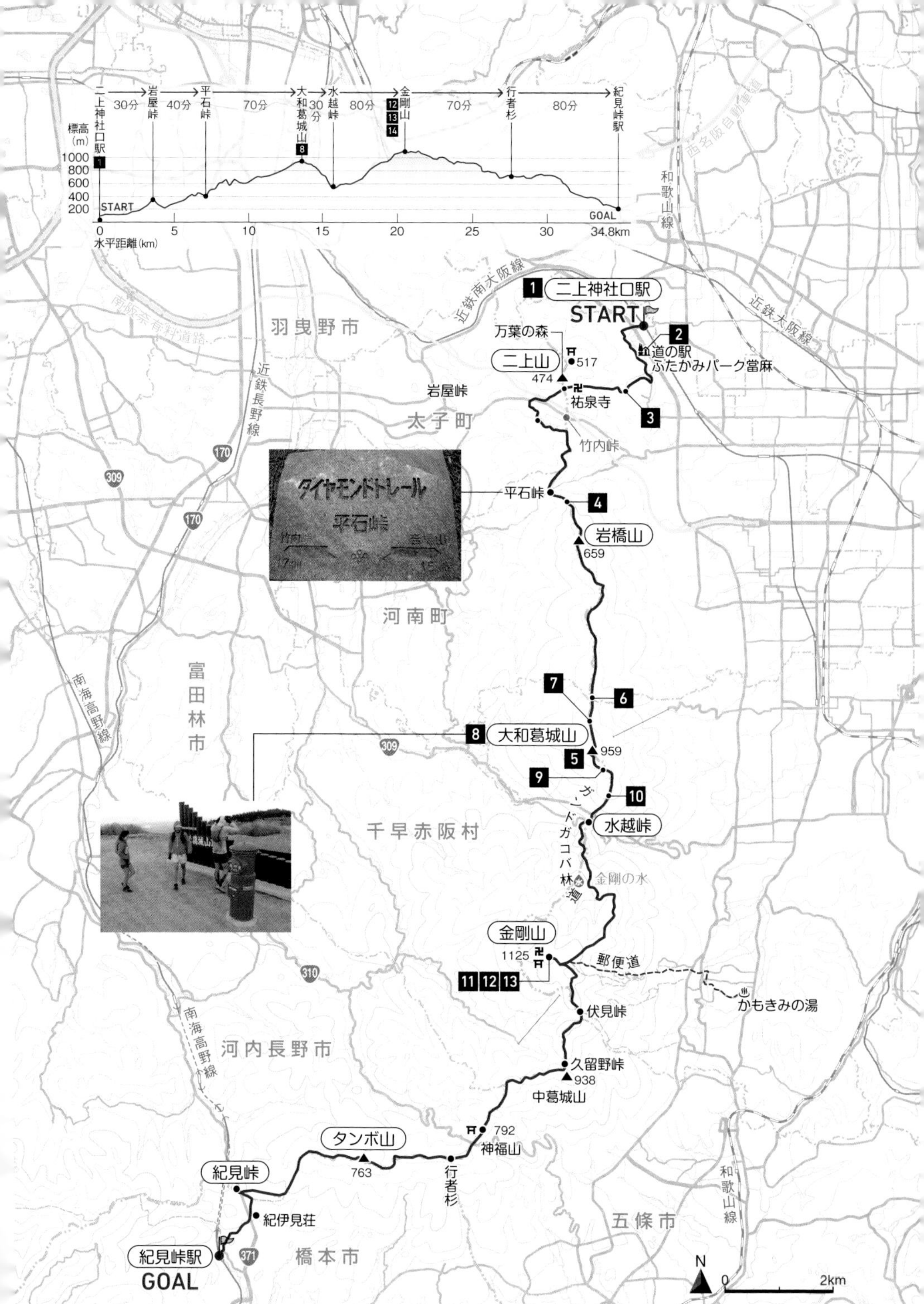

参考地図：『山と高原地図　金剛・葛城　生駒山・紀泉高原』（昭文社）

大阪・奈良

03 生駒山縦走

ノーウェア柏原 ➔ 高尾山創造の森 ➔ 高安山 ➔ 十三峠 ➔ 府民の森なるかわ園地 ➔ ぬかた園地 ➔ くさか園地 ➔ 室池 ➔ ほしだ園地 ➔ 京阪私市駅

COURSE DATA

LEVEL	1
トレイル率	3
START	ノーウェア柏原
GOAL	京阪私市駅
走行距離	40.5km
累積標高	1416m
コースタイム	約7時間50分

ACCESS

JR柏原駅近くのノーウェア柏原からスタート、ゴールは京阪私市駅。柏原の里山「高尾山創造の森」を抜け、高安山から大阪府民の森を4つ経由する。途中、各園地の見どころをまわったり、眺望を楽しんだり、楽しみ方は自由。

ADVICE

コース中に自動販売機は豊富にあり、飲料は確保しやすいが、食料を確保しづらいので、JR柏原駅付近でしっかり補充しておけば安心。スタート地点のパン屋「Bakery & Bar Svaha（スワーハ）」もおすすめ。惣菜パンやバーガーが絶品。

柏原里山と生駒山系を満喫する大充実のトレイルコース

8

1

1―「鐸比古鐸比賣（ぬでひこぬでひめ）神社」から里山にイン　2―高尾山創造の森の走りやすいトレイルを駆ける　8―ぼくらの広場から大阪平野を一望できる。

2

3―南パノラマ展望台を目指して進む　4―高尾山創造の森・南パノラマ展望台から大阪平野を見下ろす　5―高尾山創造の森の古墳群。多くの古墳が残されている　6―高安山霊園近くの展望台。レトロな造形に吸い込まれる

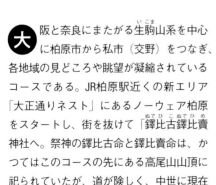

大阪と奈良にまたがる生駒山系を中心に柏原市から私市（交野）をつなぎ、各地域の見どころや眺望が凝縮されているコースである。JR柏原駅近くの新エリア「大正通りネスト」にあるノーウェア柏原をスタートし、街を抜けて「鐸比古鐸比賣神社へ。祭神の鐸比古命と鐸比賣命は、かつてはこのコースの先にある高尾山山頂に祀られていたが、道が険しく、中世に現在の場所に遷されたとのことで、そのいわれを胸にトレイルへと進んでいこう。

柏原里山の「高尾山創造の森」は多くの古墳が残されており、いにしえの風景に想いをはせながら、南パノラマ展望台で最初の眺望を楽しみ、高安山へ。高安山霊園近くのレトロな展望台から、十三峠の鐘の鳴る展望台へと、展望台ハシゴをした後、このコースの超絶景ポイント「ぼくらの広場」で大阪平野の眺望を楽しむ。夜景が特に有名だが、日中の景色も最高。ここからは大阪府民の森をめぐる行程に。それぞれの園地ごとに四季折々の森の恵みがあり、オプションでコースを追加したり変更するのも楽しい。室池からほしだ園地までは舗装路が多くなるが、ご褒美のハンバーガーストーンや星のブランコを楽しみに、最後まで駆け抜けよう！

7｜十三峠から鐘の鳴る展望台へ　9｜府民の森ぬかた園地～くさか園地へ石畳の道を進む　10｜緑の文化園むろいけ園地内にある室池は水辺の自然が楽しめる　11｜堂尾池の下り坂。下には滝あり　12｜ほしだ園地のインスタスポットで有名なハンバーガーストーン　13｜全長280mの人工吊り橋・星のブランコ。紅葉シーズンは観光客で渋滞する

立ち寄りスポット

ノーウェア柏原

柏原市大正通りネストにある「Nowhere Kashiwara（ノーウェア柏原）」は、クリエイティブな人が集うコワーキングスペース。柏原市のアウトドアベースとしてSotoasoコラボイベントも計画中。柏原市大正1-3-34

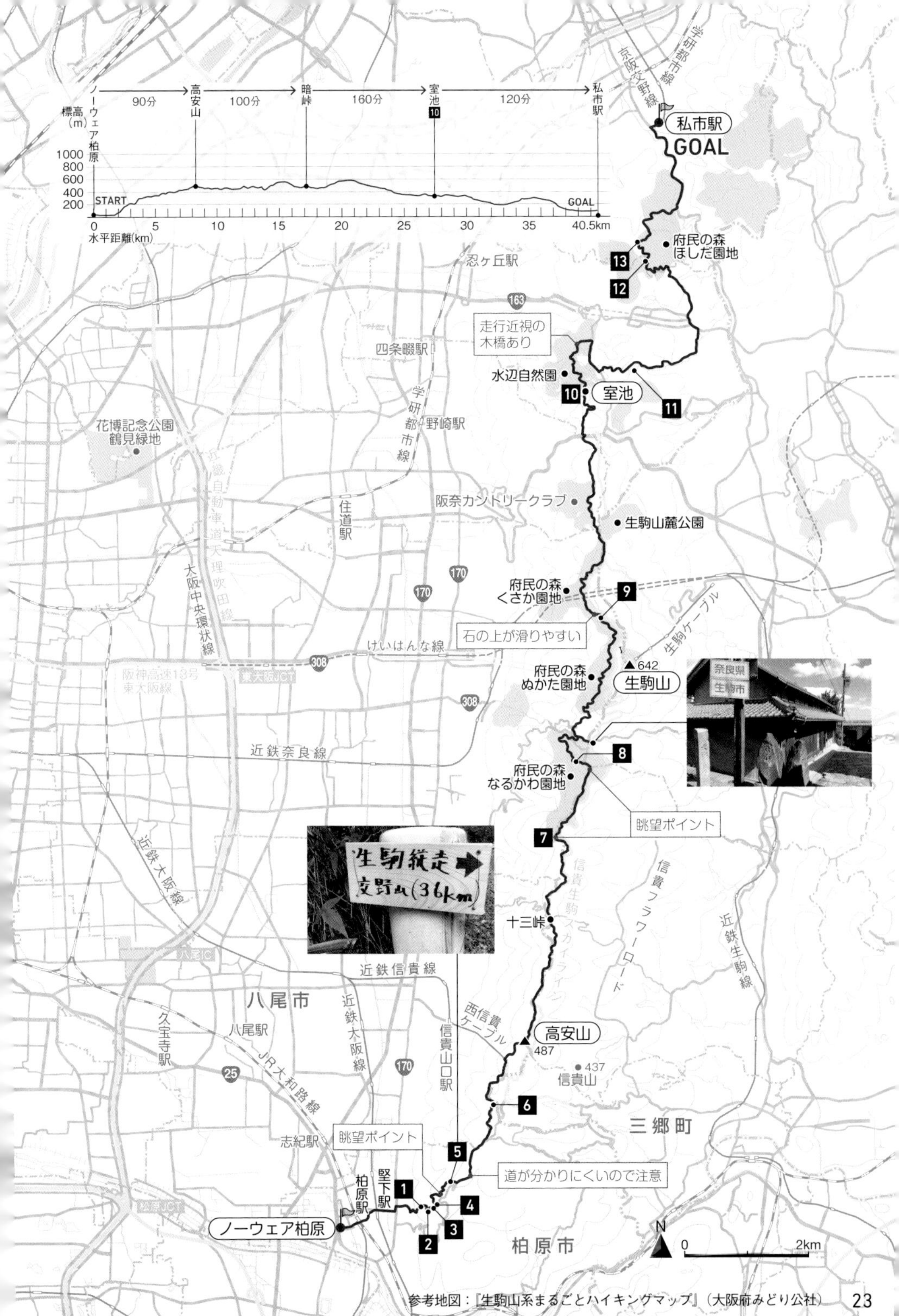

参考地図：『生駒山系まるごとハイキングマップ』（大阪府みどり公社）

04 大阪 飯盛山ラウンド

OBSソトアソいいもり ➔ 四条畷神社 ➔ 飯盛山 ➔ 桜池 ➔ 飯盛山 ➔ OBSソトアソいいもり

COURSE DATA

LEVEL	1 / 4
トレイル率	3 / 4
START	OBSソトアソいいもり
GOAL	OBSソトアソいいもり
走行距離	7.7km
累積標高	518m
コースタイム	約2時間30分

ACCESS

JR四条畷駅からスタートする。環状線京橋駅から20分程度と近い。2021年春オープンのトレイルランショップ「ソトアソいいもり」に荷物をデポすれば便利。隣のJR野崎駅を利用してバリエーションルートを走ることもできる。

ADVICE

楠公寺を下ったところに天然の水場がある。桜池の近くの野外活動センターにトイレあり。エスケープしやすいので初心者も心配がない。初級を卒業したら、権現の滝や室池方面へ足を延ばしてみるのもいい。

トレイルランデビューに最適な展望の周回コース

5

1

1―四条畷神社からトレイルイン。まずは安全祈願 2―いきなり木の階段。ゆっくりパワーウォークで 5―大阪平野方面が270度の大展望。天下人の気分に浸る

2

「トレイルランやってみたいけど、どこに行ったらいいの？」という初心者にまずは知ってもらいたい入門コース。麓にトレイルランショップもあり、荷物を預けて軽量化して走ることができるうえ、ゴール後はシャワー利用も可。また、ベテランスタッフによるアドバイスも受けられる。飯盛（いいもり）山は標高314mの低山ながら展望はすばらしく、歴史的にも重要なスポットであり、知れば知るほどまた行きたくなる。

その名のとおり「ご飯を盛ったような」こんもりとした山頂からは大阪平野の展望がよく、室町時代の天下人・三好長慶が飯盛山城を築城したことでも知られ、随所に城郭の痕跡がありおもしろい。急な傾斜を登りきって見下ろす、「天下人まで登り詰めた武将が見た景色」は格別のものだ。

コースは低山と思えない変化に富んだ内容で、登りのハードさはかなりのもの。まずは走らずパワーウォークで登ろう。地元ハイカーへの配慮も忘れずに。

コースはバリエーションが豊富なので、慣れてくればさまざまな寄り道も楽しめる。初心者向けといいながら、遊び方によっては超上級者も大満足なすばらしき低山、それが飯盛山なのだ。

3｜階段を侮ることなかれ。足運びの練習にとても役立つ　4｜ほとんどが自然林で、四季を通じて変化に富んでいる　6｜走りやすいシングルトラックもある

7—天然水はおいしい。周りにベンチなどもあり休憩に最適なスポット　8—木の根の張り出したトレイルはリズムよく　9—桜池でほっこり。近くにトイレもある

立ち寄りスポット

OBSソトアソいいもり

2021年オープンのトレイルランショップ。シャワーブース（屋内3、屋外3）も完備。ラン前後のお買い物もできるうえ、トレイルランギアの相談に乗ってくれることから、初心者は入り浸ってしまうかも？　大東市北条3-1-1　☎072-810-2070

10—ハードな登りの後の走りやすいトレイルはご褒美　11—岩場は焦らず慎重に下ろう　12—終始、整備の行き届いたコースである。地元の方に愛される山だ

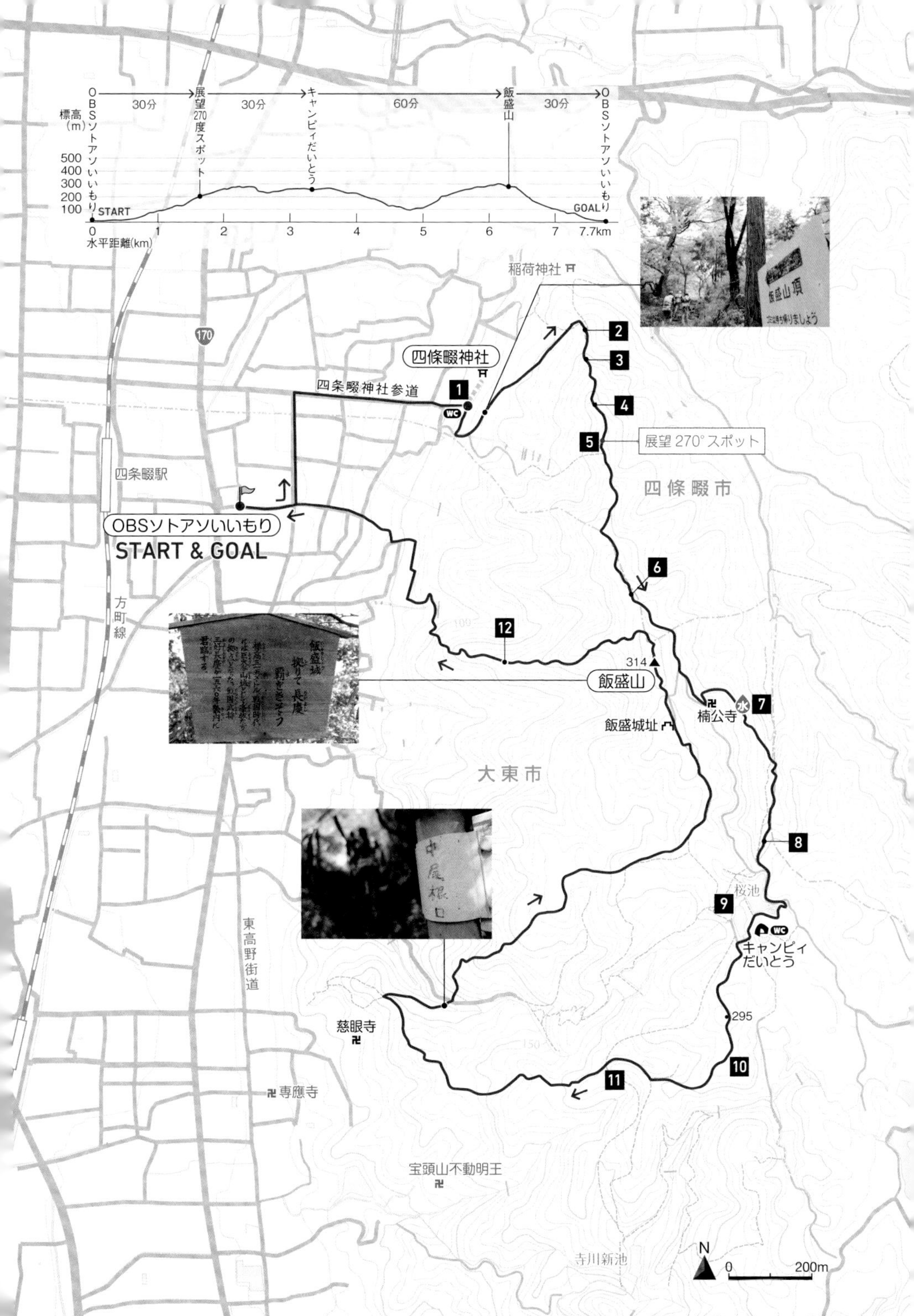

標高(m)
500
400
300
200
100
0
1
2
3
4
5
6
7
7.7km
水平距離(km)
START
GOAL
OBSソトアソいいもり
展望270度スポット
キャンピィだいとう
飯盛山
OBSソトアソいいもり
30分
30分
60分
30分
稲荷神社
飯盛山頂
170
四條畷神社
四条畷神社参道
展望270°スポット
四条畷駅
四條畷市
OBSソトアソいいもり
START & GOAL
方町線
飯盛城址
楠公寺
314
飯盛山
大東市
飯盛城址
桜池
キャンピィだいとう
中尾根口
295
慈眼寺
150
専應寺
宝頭山不動明王
寺川新池
N
0
200m
1
2
3
4
5
6
7
8
9
10
11
12

05

大阪・和歌山

紀泉アルプス

JR山中渓駅 ➔ 雲山峰 ➔ 大福山 ➔ 飯盛山 ➔ 南海電鉄孝子駅

COURSE DATA

LEVEL

トレイル率

START	JR山中渓駅
GOAL	南海電鉄孝子駅
走行距離	19.1km
累積標高	1430m
コースタイム	約4時間30分

ACCESS

JR山中渓駅からスタート。ゴールは南海孝子駅としているが、飯盛山から南海みさき公園駅へも下ることができる。夏場なら淡輪駅をゴールにすれば、海水浴も楽しめるのでおすすめ。孝子駅から淡輪駅も電車で2駅。

ADVICE

スタートの山中渓、ゴールの孝子駅ともに駅前には自動販売機のみ。コース上にも水場はないので、水は充分に持つこと。標高が低いうえに低木が多く、真冬でも日が当たって暖かい。エスケープは不明瞭な場合があり注意のこと。

シングルトラック率99%のハイスピードトレイル

4

1

1―山中渓駅は無人駅。自販機はある　2―トレイルヘッドへの案内はしっかりしていて心配なし　4―終始明るい雰囲気で、乾いた水はけのよいトレイルである

2

3｜第一展望台は大阪平野が見渡せる。関空はすぐそこで、旅客機も見える　5｜雲山峰山頂はよく整備されて休憩にちょうどよい　6｜低木が多く日当たりがよい

ジェットコースター的なトレイルランニングを楽しむにはこのエリアが最も適している。JR山中渓駅からスタートして、最初のピーク雲山峰(うんざんぽう)まで標高差400mほどの登りをこなせば、あとは地形がランナーを走らせてくれる、気持ちのいいスラローム的な下りと適度な登りの連続。スピードが出るので、自分の脚が速くなったような感覚になる。

井関峠を越えて懺法(せんぼう)ヶ嶽(たけ)の東峰・西峰を越えて大福山へ。よく整備された山頂は地元の人々に愛されている山だということがよくわかる。展望台からは関西空港が望め、飛び立つ飛行機を眺めながら、しばしノンビリとした時間を過ごすのもいい。

札立山(ふだたて)を越えて飯盛山に到着すると、このコース最高の絶景が待ち受ける。海を見渡すこの高台は、夕暮れ時に来るのが正解かもしれない。

孝子駅への傾斜の強いダウンヒルの終わりには高仙寺があり、トレイルランナーとも縁が深い役行者(えんのぎょうじゃ)の母の墓標がある。孝子(きょうし)駅に着くと、この日走った道がほぼすべてシングルトラックだったことに気づくはず。

寒さで関西の低山すら雪に覆われるころが、ここを訪れるベストシーズンといえる。

7

8

9

10

7｜高速トレイルにテンションが上がりハイジャンプ！　8｜ところどころに休憩ベンチがある　9｜飯盛山の山頂も整備されたウッドテラス　10｜走って楽しいトレイルサーフェイスが続く　11｜高仙寺は雰囲気のある古寺　12｜高仙時の休憩所で一服　13｜夏場なら、淡輪駅近くの「ときめきビーチ」を目指そう

11

12

13

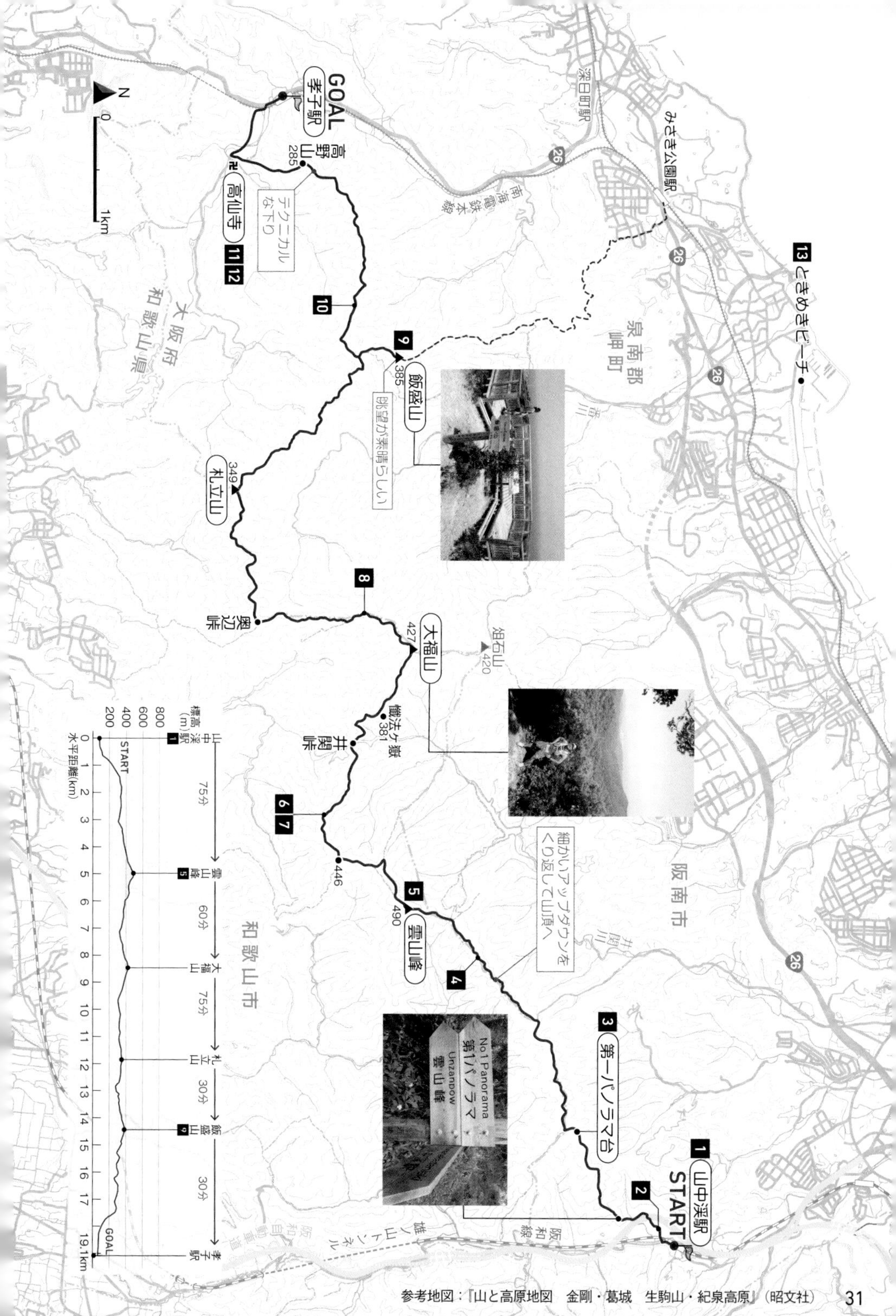

参考地図：『山と高原地図　金剛・葛城　生駒山・紀泉高原』（昭文社）

06 大阪 くろんど園地～交野山

京阪私市駅 ➔ くろんど園地 ➔ 竜王山 ➔ 交野山 ➔ 竜王山 ➔ くろんど園地 ➔ 京阪私市駅

COURSE DATA

LEVEL	1 / 4
トレイル率	4 / 4
START	京阪私市駅
GOAL	京阪私市駅
走行距離	15.5km
累積標高	724m
コースタイム	約2時間40分

ACCESS

京阪電鉄交野線の私市駅が最寄り駅。駅前徒歩10秒の場所に「アウトドアベース・ソトアソ」があり、ロッカー&シャワーを完備。交野山から北へ進むと「スパバレイ枚方」もあるので、ワンウェイでJR東西線津田駅ゴールも可。

ADVICE

コース全域、整備された公園内のトレイルであり、初心者でも安心して楽しむことができる。水場、トイレも豊富で、荷物をソトアソに預ければ、軽量で走ることができるのもメリット。公園内に地図、看板が多数ある。

整備された園地内を走る初心者向けの好展望コース

6

1

2

1—園地内はよく整備されている　2—適度なアップダウンとテクニカルな部分あり　6—ご褒美は交野山山頂からの大展望。ダイトレや六甲山、好天なら淡路島も見える

3―アスレチック的な場所もあり遊べる　4―庭園のように整備され明るい雰囲気　5―竜王山への入口は鳥居が目印　7―フラットなトレイルなので、トレイルランシューズでなくても大丈夫

「山の中を走るって不安……」。そんな、山の経験が少ない初心者やロードランナーでも、気軽にトレイルランニングを楽しめるのが、このエリアの魅力。

滝・沢・岩と山登りの醍醐味をたっぷり味わえるうえに、整備されたトレイルはとても走りやすい。

スタートは「アウトドアベース ソトアソ」から、月の輪滝・すいれん池を越え、「こだちの道へ」。アップダウンの少ないトレイルで、木立の中を夢中で走るこの感覚はトレイルランニングの醍醐味のひとつ。

八つ橋のある湿地帯から先は一部立ち入り禁止区域があるので、かいがけの道から竜王山・旗振山を経由して交野（こうの）山へ。

交野山山頂は花崗岩の巨大な岩がゴロゴロ転がる展望地。乱れた呼吸で岩に駆け上がり、絶景を見下ろしながら徐々に息を落ち着けていく。これも醍醐味だ。

来た道を園地まで戻り、「さんさくの路」と「さわわたりの路」をつないでいく。小川沿いの美しいトレイルを進んでいくと、すいれん池に戻ってくる。

ゴール後はソトアソでシャワーを浴びて、お店のスタッフに相談してみれば、トレイルランがより楽しくなる装備や走り方のアドバイスをもらえるはず。

8｜さわたりの道はとにかく楽しい。ほかにも網目状にトレイルあり　9｜くろんど池から静かな小川沿いの道を進む　10｜岩善水は花崗岩に磨かれたおいしい石清水だ

立ち寄りスポット

アウトドアベース ソトアソ

京阪私市駅前のトレイルラン専門店。シューズやザック、ウエアが国内最大級の品揃え。ロッカー＆シャワー、併設カフェもあり、土日祝はオープンテラスでビールも楽しめる。
交野市私市山手3-1-14-105
☎072-807-8916

11｜月の輪滝周辺はマイナスイオンたっぷり。緑が濃い　12｜月の輪滝は夏場なら水浴びOK　13｜コース全域が自然林で、森林浴も兼ねて走ることができる

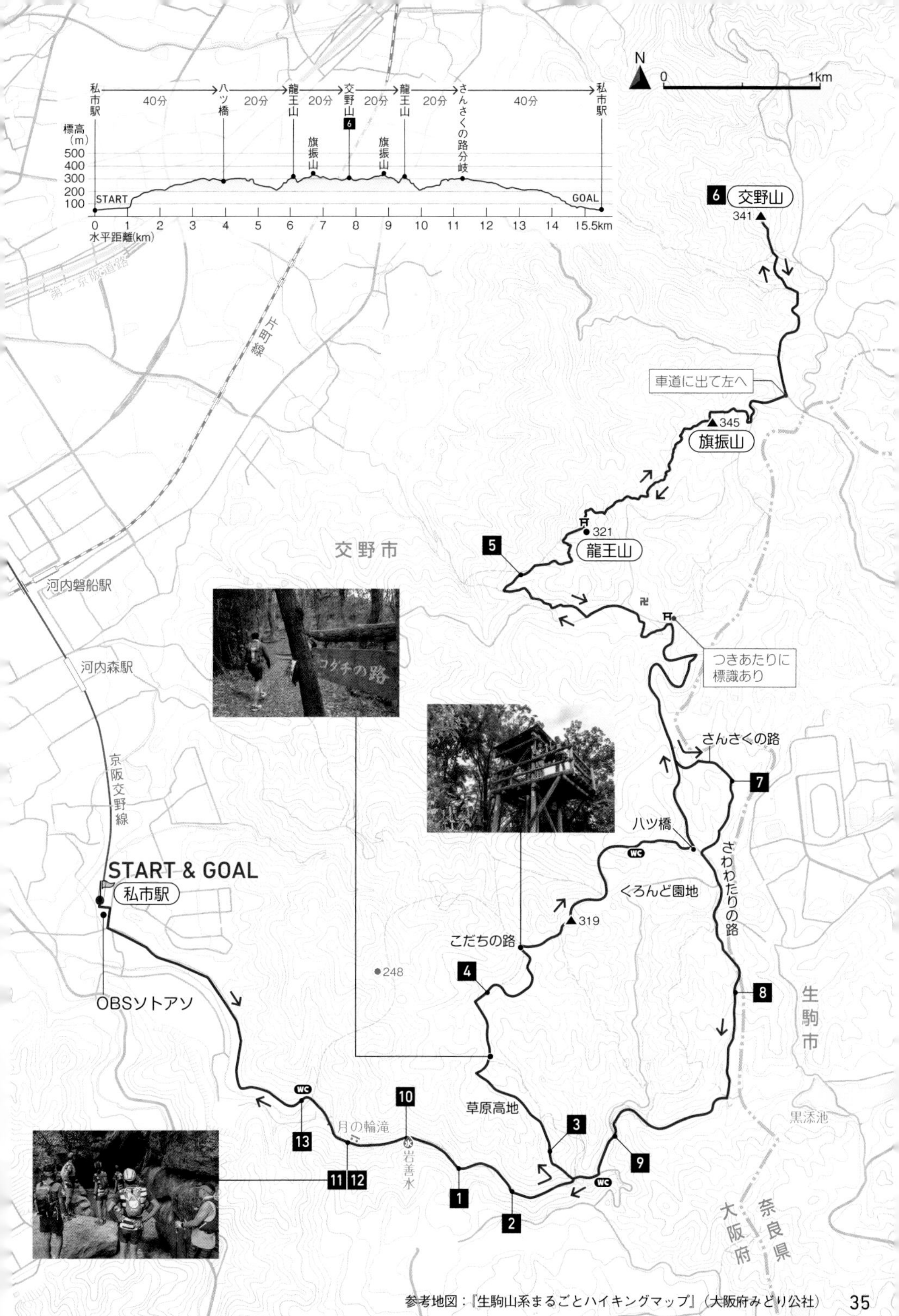

N
0 1km

標高
(m)
600
500
400
300
200
100

私市駅 →40分→ 八ツ橋 →20分→ 龍王山 →20分→ 交野山 6 →20分→ 龍王山 →20分→ さんさくの路分岐 →40分→ 私市駅

旗振山 旗振山

START GOAL

0 1 2 3 4 5 6 7 8 9 10 11 12 13 14 15.5km
水平距離(km)

6 交野山
341 ▲

車道に出て左へ

▲345
旗振山

321
龍王山

つきあたりに
標識あり

さんさくの路

5

八ツ橋 WC

くろんど園地

7

さわたりの路

コケチの路

こだちの路

▲319

8

4

248

草原高地

生駒市

START & GOAL
私市駅

OBSソトアソ

WC

月の輪滝

岩菅水

10

13 11 12

1

2

3

9

WC

黒添池

大阪府 奈良県

交野市

河内磐船駅

河内森駅

京阪交野線

片町線

参考地図:『生駒山系まるごとハイキングマップ』(大阪府みどり公社)

07 大阪 金剛山いっき登り

森屋バス停 ➔ 金剛山 ➔ 楠木城跡 ➔ 森屋バス停

COURSE DATA

LEVEL	2 / 4
トレイル率	3 / 4
START	森屋バス停
GOAL	森屋バス停
走行距離	17.4km
累積標高	1068m
コースタイム	約3時間30分

ACCESS

近鉄富田林駅から金剛バス千早線に乗り、森屋バス停か役場前バス停下車。バス便は1時間に2本程度なので、出発前に帰りの便の時刻をチェックしておこう。車利用の場合は楠木城跡の入り口に駐車場あり（5台程度）。

ADVICE

コース上部、青崩道に合流してからはハイカーが多いので、充分に配慮して走ろう。山頂には売店・食堂・自販機あり。山頂から別ルートへ抜けたり、別ルートから登ってこの道を下るというバリエーションもチョイスできる。

標高差1000mのアップダウンを一気に登る穴場ルート

5

1

2

1―序盤の林道は金剛山らしい杉林。整然とした雰囲気　2―分岐には明瞭な看板あり。初心者も安心　5―尾根道はところどころ笹だが、踏み跡はしっかりしている本コースは超メジャーな金剛（こんごう）山エリアでありながら、ほとんど人に会わず、標高差1000m以上を豪快に登り続けられ、「金剛山にまだこんなルートがあったのか！」という穴場的ルート。かといって、ずっと登りの苦しいルートではなく、まさにトレイルラン向けの傾斜が続いている。

スタートの森屋バス停から、道の駅ちはやあかさかをめざす。足谷ハイキングコースの道標に従って、田園風景のなかのロードを進むと、道は途中から林道に変わり、分岐を青崩道方面へ進むとやがてシングルトラックになる。

マイナーなルートではあるが、近年、道標が整備され迷う心配は少ない。

山頂で神社を参拝し、売店で補給したら、いよいよお楽しみのダウンヒル。トレイルランにちょうどいい下りが延々と続く。途中で坊領山・楠木城跡方面への分岐に入る。初心者で道が不安な人は、往路をそのまま引き返しても十分に楽しめるはず。楠木城跡へは少し登り返しがあるが、展望がとてもよいので最後の締めくくりにぜひ立ち寄ってほしい。ダイトレ（本誌P16～19_コース⓪①参照）と組み合わせて走ってみるのもおすすめで、その場合、下りでこちらの道を通ってみるのがおもしろい。

3

6

4

7

3｜杉の枯れ枝がフカフカなトレイルをつくりだしている　4｜随所に現れる道標がランナーを安心させてくれる　6｜かわいいお地蔵さん。どこにあるか探してみよう　7｜山頂近くになると一般ハイカーの道と合流する

8｜山頂到着！ ライブカメラがある　9｜葛木神社の不動明王像　10｜このような下りトレイルが延々と続く。徐々にハイテンションに……　11｜とにかくスピードが出る。コケてもフカフカなので大丈夫？　12｜楠木城跡はお城らしく見晴らしがいい。かつては重要な拠点であった　13｜道の駅への最後のトレイル

立ち寄りスポット

道の駅ちはやあかさか

大阪府内唯一の村、千早赤坂村にある日本一かわいい!?道の駅。新鮮な野菜の販売やカフェもあり、バスの待ち時間にくつろぐことができる。
火曜定休　南河内郡千早赤阪村二河原邊7
☎0721-21-7557

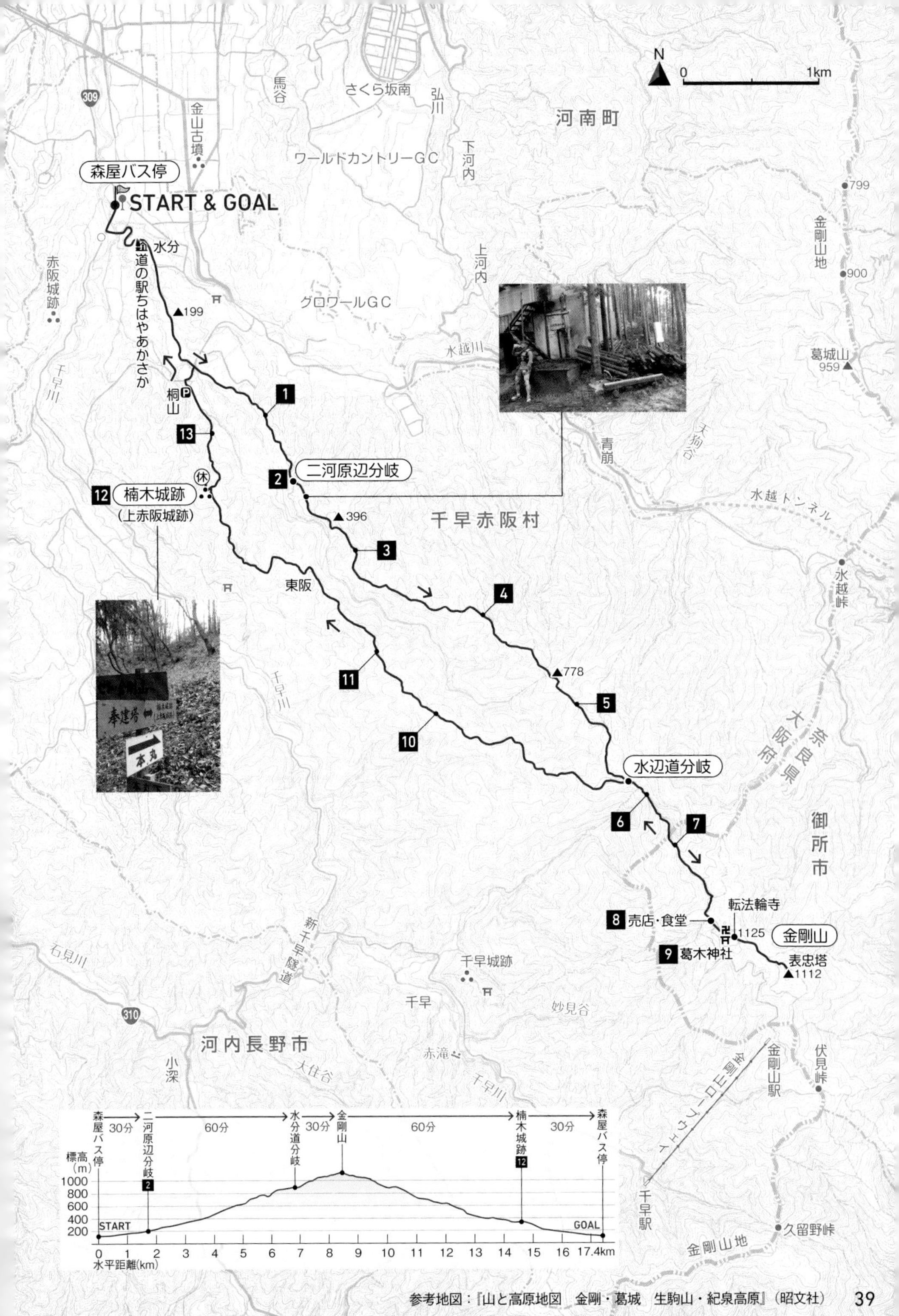

N
0
1km
森屋バス停
START & GOAL
309
馬谷
さくら坂南
弘川
金山古墳
河南町
ワールドカントリーGC
下河内
799
金剛山地
900
水分
道の駅ちはやあかさか
赤阪城跡
上河内
▲199
グロワールGC
水越川
葛城山
959
千早川
桐山
1
13
二河原辺分岐
2
青崩
天狗谷
12
楠木城跡
（上赤阪城跡）
▲396
千早赤阪村
水越トンネル
3
水越峠
4
東阪
▲778
11
千早川
5
大阪府
奈良県
10
水辺道分岐
6
7
御所市
転法輪寺
8 売店・食堂
1125
金剛山
9 葛木神社
表忠塔
▲1112
新千早隧道
石見川
千早城跡
千早
妙見谷
310
河内長野市
赤滝
小深
大住谷
千早川
金剛山ロープウェイ
金剛山駅
伏見峠
千早駅
久留野峠
金剛山地
森屋バス停
30分
二河原辺分岐
60分
水分道分岐
30分
金剛山
60分
楠木城跡
30分
森屋バス停
標高（m）
1000
800
600
400
200
START
GOAL
0 1 2 3 4 5 6 7 8 9 10 11 12 13 14 15 16 17.4km
水平距離（km）

Column 2

知っておきたいトレイルランのマナー②

イラスト＝鈴木海太

グループランはじゃまにならないように

心が通じ合う仲間たちと一緒に山を走るのは楽しいが、楽しすぎるあまり、ついつい周りが見えなくなりがち。山は自分たちだけの空間ではないという意識をもって、うるさくしたり、じゃまにならないように気をつけたい。走る際は、ほかのランナーやハイカーたちとすれ違えるように、広がらずに列をつくろう。

エスケープルートを考えておく

エスケープルートとは、想定していたルートをショートカットして、短時間で下れる避難路のこと。ケガや体調不良、天候不良により想定ルートを進めなくなったときのことを考え、エスケープポイントとルートをあらかじめ設定しておこう。併せて、登山計画書の作成と、家族や友人に渡しておくことも習慣にしたい。

落石を起こさない

クサリ場や沢筋など、ガレた斜面では落石を起こしやすい。下に登山者がいると大変な事故につながる可能性がある。落石の恐れがある斜面では常に上部に気を配りつつ、慎重に行動しよう。万が一、石を落とした場合は「ラク！」と大声で叫んで周りに注意喚起する。自分が落としていなくても、落石に気づいた際は必ず「ラク！」と叫ぼう。

山岳保険に入る

トレイルランナーでもハイカーでも、山に入る以上は山岳保険に加入すべきだ。山岳保険とひと口にいってもいろいろあるが、ケガの保障だけでなく、遭難時の捜索や救助にかかる費用を補ってもらえるタイプがやはりおすすめ。海外の山を訪れる予定がある人は、海外もカバーするプランを選択しておくといいだろう。

兵庫周辺のコース

HYOGO

08

兵庫

宝塚・中山～武庫川渓谷

阪急川西能勢口駅 ➔ 中山 ➔ 大峰山 ➔ 武庫川渓谷 ➔ JR生瀬駅

COURSE DATA

LEVEL	2 / 4
トレイル率	3 / 4
START	阪急川西能勢口駅
GOAL	JR生瀬駅
走行距離	20.4km
累積標高	1079m
コースタイム	約4時間50分

ACCESS

阪急川西能勢口駅、もしくはJR川西池田駅からスタート。はじめの住宅街からは釣鐘山をめざす。急な石段からトレイルイン。阪急山本駅から最明寺滝をめざして走りだせばショートカットできる。後半は武田尾駅へエスケープ可能。

ADVICE

石切山を越えて、満願寺に下ると自販機やコンビニがあり補給できる。以後は補給できるポイントはない。武庫川渓谷には長いトンネルが3本あり、ヘッドランプ必携だが、距離は短いのでスマホでも代用できる。

裏山シングルトラックと廃線跡をめぐるプチ冒険トリップ

1―住宅街を抜けると、いきなりの石段の急登　2―シングルトラックを夢中で登る　12―かつては機関車が走っていた廃線跡。現在は整備され、一般開放されている

宝塚の住宅地の北部に位置し、標高500m程度とランナーにとっては絶好の遊び場。伊丹空港を見下ろしながら走る景色のよいシングルトラックで、最後は廃線跡をめぐる、ノスタルジックでアドベンチャラスな見どころ満載。川西能勢口駅からスタートすれば最初のハードな石段と景色のよい釣鐘（つりがね）山・石切山のトレイルが楽しめるが、阪急山本駅からスタートして最明寺滝をめざしてスタートしてもいい。

最明寺滝からしばらく登ると、突然「宝塚ロックガーデン」と呼ばれる広大な岩場の斜面へ出る。スクランブリング気分で岩山を駆け上がり、振り返れば伊丹空港から離発着する飛行機が見える。トレイルは基本的に走りやすいシングルトラックだが、地元の住民の方々の散歩道でもあり、走行には充分な配慮が必要である。

大峰山への登りは標高552mの低山とは思えないハードな登り。ゆっくりとパワーウォークで進むもよし、トレーニング気分でハードにプッシュするもよし。

大峰山から武庫川渓谷へ下るときれいな小川があり、夏場ならドボンも可。そこからは鉄道オタク気分でノスタルジックな旧福知山線の廃線跡を走る。長いトンネルが3カ所あるのでライトは必携だ。

3｜満願寺を越えて最明寺方面へ **4**｜石切山あたりから大阪平野の展望。すぐ近くに伊丹空港が見え、旅情をかきたてる **5**｜木橋にインパクトを与えないようゆっくり慎重に

6

9

6―花崗岩帯らしい砂礫のトレイル　7―一枚岩の宝塚ロックガーデン。アメリカの荒野の山に来た気分で？　8―ロックガーデンの上部。すぐ下にはゴルフ場が見える

7

10

8

立ち寄りスポット

宝乃湯

ゴールの生瀬駅には温泉はなく、電車で2駅のこちらがおすすめ。近くの有馬温泉に匹敵する泉質で、それもそのはず、地質的には有馬と同じ構造線上にあるのだとか。宝塚市中筋3-3-1
☎0797-82-1126

9―武庫川渓谷に下ると桜公園　10―大峰山でオーバーヒートした体を滝でアイシング　11―以前は立ち入り禁止だったが、近年整備され通行できるようになった

11

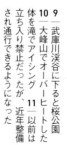

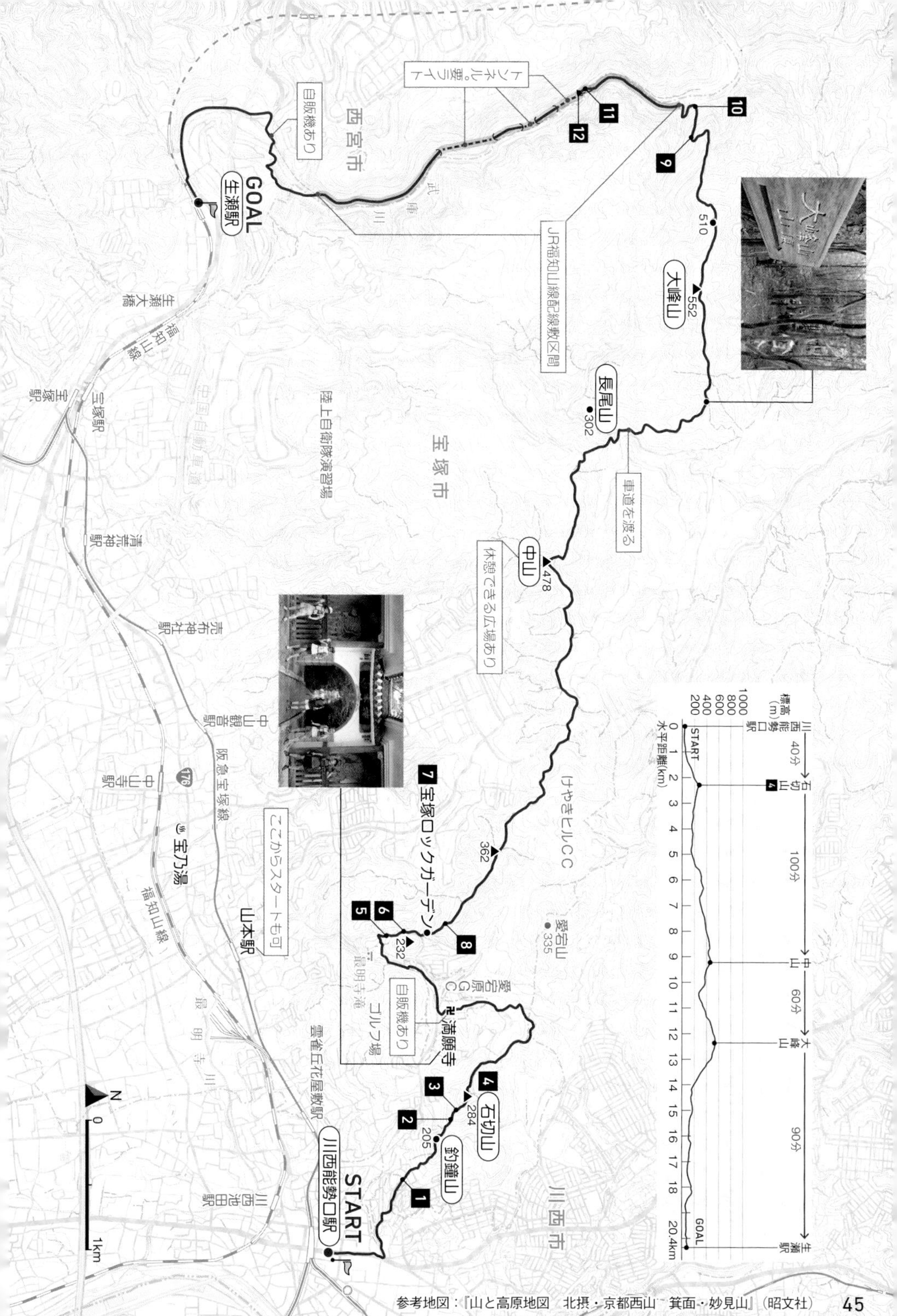

START
川西能勢口駅
GOAL
生瀬駅
釣鐘山
205
石切山
284
満願寺
自販機あり
ゴルフ場
愛宕原GC
最明寺滝
232
宝塚ロックガーデン
ここからスタートも可
362
けやきヒルCC
愛宕山
335
中山
478
休憩できる広場あり
車道を渡る
長尾山
302
大峰山
552
510
JR福知山線廃線敷区間
トンネル要ライト
自販機あり
西宮市
宝塚市
川西市
陸上自衛隊演習場
中国自動車道
武庫川
生瀬大橋
福知山線
宝塚駅
清荒神駅
売布神社駅
中山観音駅
中山寺駅
阪急宝塚線
宝乃湯
山本駅
雲雀丘花屋敷駅
川西池田駅
最明寺川
176
N
0
1km
1
2
3
4
5
6
7
8
9
10
11
12
標高(m)
1000
800
600
400
200
川西能勢口駅
40分
石切山
100分
中山
60分
大峰山
90分
生瀬駅
水平距離(km)
20.4km

09 兵庫 播磨アルプス

JR御着駅 ➔ 桶居山 ➔ 高御位山 ➔ 大平山 ➔ JR曽根駅

COURSE DATA

LEVEL	2/4
トレイル率	3/4
START	JR御着駅
GOAL	JR曽根駅
走行距離	12.4km
累積標高	679m
コースタイム	約3時間20分

ACCESS

JR御着駅スタート。JR大阪駅から新快速で加古川駅へ。そこから普通電車に乗り換え。所要1時間ほど。国道2号沿いを東へ向かい、御着交差点を左折。高架をくぐり、ガソリンスタンド前がトレイルヘッド。ゴールはJR曽根駅。

ADVICE

高い木がなく、地盤が岩のため夏場は非常に暑い。また水場もないので水分は多めに持とう。逆に、ほかの山が寒かったり雪で登れない場合でも、ここは少し暖かい。高御位山周辺は人が多いので走らないように。

加古川の低山で気分は荒野のトレイルランナー

HYOGO HARIMA ALPS

7

1

1―トレイルヘッドには明瞭な看板がある。まずはこれを探そう　2―気分はスクランブリング　7―スリッピーなトレイルを行く。シューズの性能が走りやすさを左右する

2

標高300m以下の超低山でありながら、日本離れした独特の景色を楽しめる播磨アルプスは絶好のトレイルランニングフィールド。日よけになる高い樹木がなく、岩盤が露出する山肌は照り返しが強く、とても暑い。真夏は涼しい時間帯に走るなど、熱中症対策が必要だ。

トレイルヘッドから、まずは桶居山（おけす）をめざして登る。見晴らしがよく、スタート直後から森林限界を超えたような錯覚に陥る風景が広がる。

見事に三角に切り立った桶居山からの下りは注意してゆっくりと。コース全体を通して岩盤が多いので、グリップのいいトレイルランシューズがおすすめだ。

高御位山（たかみくら）をめざして鷹ノ巣山（たかのす）との分岐へ。ここからはハイカーも多いので、景色を楽しみつつゆっくり進もう。展望のいい山頂には神社もあり、地元の人に愛される山だ。展望もすばらしい。

来た道を戻り、鷹ノ巣山を越えて、本コースのハイライト、百間岩へ。高低差100m以上もある露出した岩盤で、アメリカの荒野を走っているような気分に浸ることができる。高御位山だけでも登山口が30あると言われ、さまざまなルートを探るのもこの山の楽しみ方だ。

3—姫路方面の展望がいい。新幹線も見える　4—桶居山は特徴的な三角形の山。近くにはクライミングエリアもある　5—トレイルサーフェイスは岩盤が多い。転ばないよう注意！

HYOGO
HARIMA ALPS

6｜桶居山の下りはとてもテクニカル　8｜桶居～鷹ノ巣間は高速トレイル！　9｜高御位山山頂は岩場だが休憩には最適

10｜山頂に神社があり山岳信仰の遺跡も　11｜長尾へ下れば、ランなら30分で街へ　12｜コースのハイライトは百間岩。一見の価値あり！　夏場は暑い！

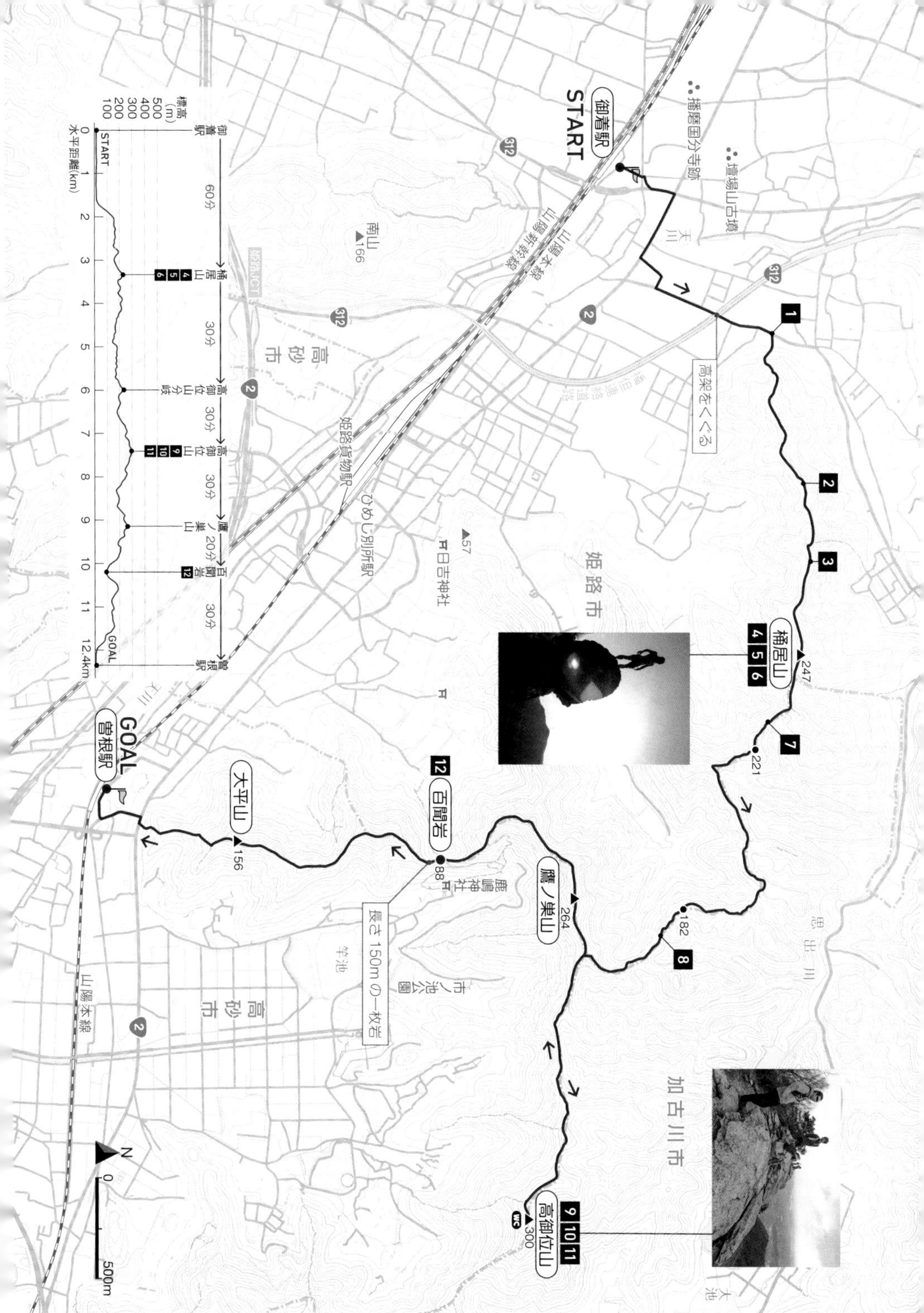

参考地図：『高御位山登山マップ』（高砂市観光交流ビューロー配布）

10 兵庫 大岩ヶ岳・丸山湿原

JR道場駅 ➔ 千刈ダム ➔ 大岩ヶ岳 ➔ 丸山湿原 ➔ JR道場駅

COURSE DATA

LEVEL	■■□□ (2/4)
トレイル率	■■■□ (3/4)
START	JR道場駅
GOAL	JR道場駅
走行距離	12.5km
累積標高	367m
コースタイム	約2時間40分

ACCESS

JR福知山線道場駅からスタート。武庫川を右手に、クライミングエリアの不動岩を左手に見ながら舗装路を進んで千刈ダムをめざす。ダムからはトレイルで大岩ヶ岳に登り、丸山湿原周辺を散策して道場駅に戻る。

ADVICE

道場駅前にトイレと、商店や自販機があるだけで、道中には水など補給できるところはない。大岩ヶ岳から先の東大岩ヶ岳や丸山湿原周辺は、地形が複雑で踏み跡も多いので、トレイルの分岐では地図とコンパスで必ず現在地確認を。

展望と丸山湿原の自然、表情豊かなトレイルを楽しむ

12

1

1―道場駅前ロータリーには、脚のモニュメント!?が　2―明治時代に施工され、見る価値大の美しい石造りの千刈ダム　12―荒涼とした雰囲気の風吹岩

2

3―このコース上でいちばんキツいセクションが大岩ヶ岳への登り　4―東大岩ヶ岳の山頂から大岩ヶ岳本峰の山頂がきれいに見える　5―ちょっと寄り道して、馬の背ではなく竜の背も行くべき

3 60度、抜群の展望を誇る大岩ヶ岳と兵庫県の貴重な湧水湿地を楽しむ。スタートの道場駅からは武庫川沿いに舗装路を進む。千刈ダムを見学した後は千刈貯水池沿いのトレイルを進んでいくが、大岩ヶ岳山頂まではアップダウンがそこそこあるのでがんばろう。山頂でゆっくり展望を楽しんだら、いったん下ってから登り返し、お隣の東大岩ヶ岳へ。山頂からは、ハートなのかカモメなのかは見る人によるが、かわいらしい形をした貯水池を見下ろせる。岩場好きには、時間と体力に余裕があれば、少し下ると竜の背と呼ばれる岩尾根に行けるので立ち寄ってほしい。

東大岩ヶ岳からは、少しテクニカルだが、尾根伝いに下っていくと丸山湿原へ出る。湿原内はよく整備されたトレイルや木道があり、ハイカーも来るので、走る際には充分な注意を!　ここではゆっくり足を止め、湿原の草花や昆虫などを見て楽しみたい。湿原からは走りやすい快適なシングルトラックで帰路をめざすが、送電線の巡視路などいくつかのバリエーションルートもあるので、分岐路ではしっかり自分の行く方角を確かめてから下ること。くれぐれも逆側の川下川（かわしもがわ）ダム方面には下らないように気をつけよう。

6｜東大岩ヶ岳からのシングルトラックも展望がよく快適　7｜丸山湿原内に入るとよく整備されたトレイルに　8｜まっすぐ行くとまた大岩ヶ岳に行ってしまうので、ここでは左へ進もう　9｜秋は紅葉、緑の季節は貴重なサギソウが見つけられる　10｜丸山湿原内ではほかのハイカーに気を使って、歩いたり走ったりで進もう　11｜急に展望が広がる風吹岩周辺　13｜コース後半は快適に走れるトレイルが続く

立ち寄りスポット

いわしゃ

西宮北IC近くに位置するうどんの名店。少し離れているが、わざわざでも足を運びたい。こだわりの出汁とコシのあるうどんが、じつにうまい！

西宮市山口町下山口3-12-20

☎078-903-3981

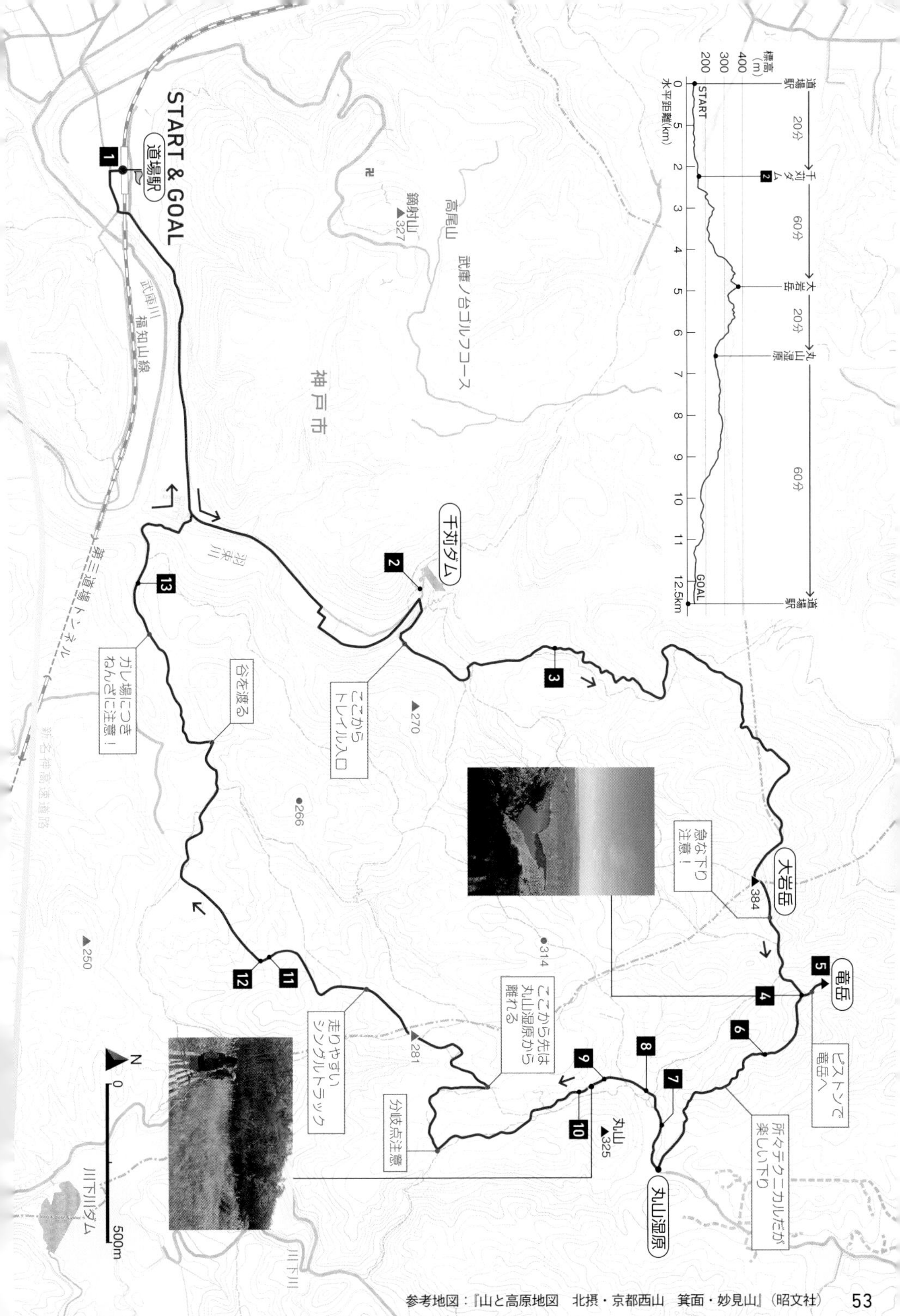
START & GOAL
道場駅
千苅ダム
大岩岳
竜岳
丸山湿原
丸山 ▲325
鏑射山 ▲327
高尾山
武庫ノ台ゴルフコース
神戸市
武庫川
福知山線
羽束川
第三道場トンネル
新名神高速道路
川下川ダム
川下川
▲270
●266
●314
▲384
▲281
▲250
ここからトレイル入口
谷を渡る
ガレ場につきねんざに注意！
急な下り注意！
ピストンで竜岳へ
所々テクニカルだが楽しい下り
ここから先は丸山湿原から離れる
分岐点注意
走りやすいシングルトラック
N
0
500m
標高(m)
400
300
200
水平距離(km)
START
GOAL
道場駅
千苅ダム
大岩岳
丸山湿原
20分
60分
20分
60分
0 1 2 3 4 5 6 7 8 9 10 11 12.5km

11 兵庫 六甲山東部

阪急芦屋川駅 ➔ ごろごろ岳 ➔ 観音山 ➔ 東お多福山 ➔ 打越山 ➔ 阪急芦屋川駅

COURSE DATA

LEVEL	■■□□ (1 2 3 4)
トレイル率	■■■□ (1 2 3 4)
START	阪急芦屋川駅
GOAL	阪急芦屋川駅
走行距離	21.5km
累積標高	1019m
コースタイム	約5時間20分

ACCESS

阪急芦屋川駅、もしくはJR芦屋駅からスタート。はじめの住宅街から芦屋神社を経て、展望のよい前山公園からがトレイル入り口となる。ごろごろ岳、観音山をめぐる前半、後半はキツい登りの東お多福山をクリアして一気に走れる。

ADVICE

奥池町の東お多福山登山口バス停には自販機があり、補給できる。ここで行程的にも約半分なので、充分なレストをとってから、自信のある方は先に進んで、疲労感いっぱいの方は車道で芦屋川駅をめざすか、バスでエスケープ可能。

芦屋周辺の名だたる山のピークをつなぐ快走コース

4

1

1—芦屋ローカルの聖地・芦屋神社にて日頃の感謝を 3—ごろごろ岳に行く途中には知る人ぞ知る石島池 4—360度の展望が広がる観音山にはぜひ立ち寄ってほしい

3

2―前山公園からの登りは徐々に背後の視界が開けてくる　5―奥山貯水池北側の森のトレイルは極上　6―東お多福山のトレイルは最高に気持ちがいい

芦屋市の街から目と鼻の先にこの表情豊かな自然があるのがすばらしい。芦屋川駅からは芦屋川沿いを北上し、住宅地を東側にトラバースして登り、まずは芦屋神社でお参り。さらに住宅地を登って前山公園をめざすが、ここからがトレイルの入り口。ごろごろ岳までは手強い登りで、ひたすら高度を稼ぐ。ごろごろ岳山頂からは、走りやすいトレイルを北上して、途中、日の出から夜景まで美しい展望の観音山をピストンする。

観音山から奥池周辺までは極上シングルトラック。奥池町の車道を進み、東お多福山のバス停でひと息ついてから、いよいよキツい東お多福山への登りへ。下りは展望を楽しみながらのダウンヒルを満喫しよう。

魚屋道でゴルフ場のゲートを通過してから、芦屋ロックガーデンの上高地ともいわれる雄池・雌池の景色を堪能。ここから先は、長い距離を水平移動できる走りやすい森林管理道へ。このコース最後のピーク、打越山を登りきってから会下山遺跡までは、マウンテンランナー大喜びの極上シングルトラックが続く。新緑や秋の紅葉時の景色が美しく、ハイカーも比較的少なく、スピードを上げてプッシュするもよし。最後はエンディングにふさわしいトレイルで芦屋川駅へ戻ろう。

7—横池・雌池はどの季節に行っても美しい　8—打越山山頂は開けた広い休憩スペース　9—打越山からの森林管理道は長く走れる水平道。人も少なく、秋は紅葉が美しい

立ち寄りスポット

ザ・クラッパムイン

走った後に立ち寄りたいブリティッシュスタイルパブ。店主はフレンドリーで、定期的に変わるタップビールにジン、フィッシュ＆チップスなど、何でもうまい！　芦屋市西山町2-4　☎0797-35-3841

10—森林管理道も後半になると眼下に街が見えてくる　11—どこまでも気持ちよく快適に走れる　12—会下山遺跡までの下りは、テクニカルな箇所もあるが、非常に楽しい

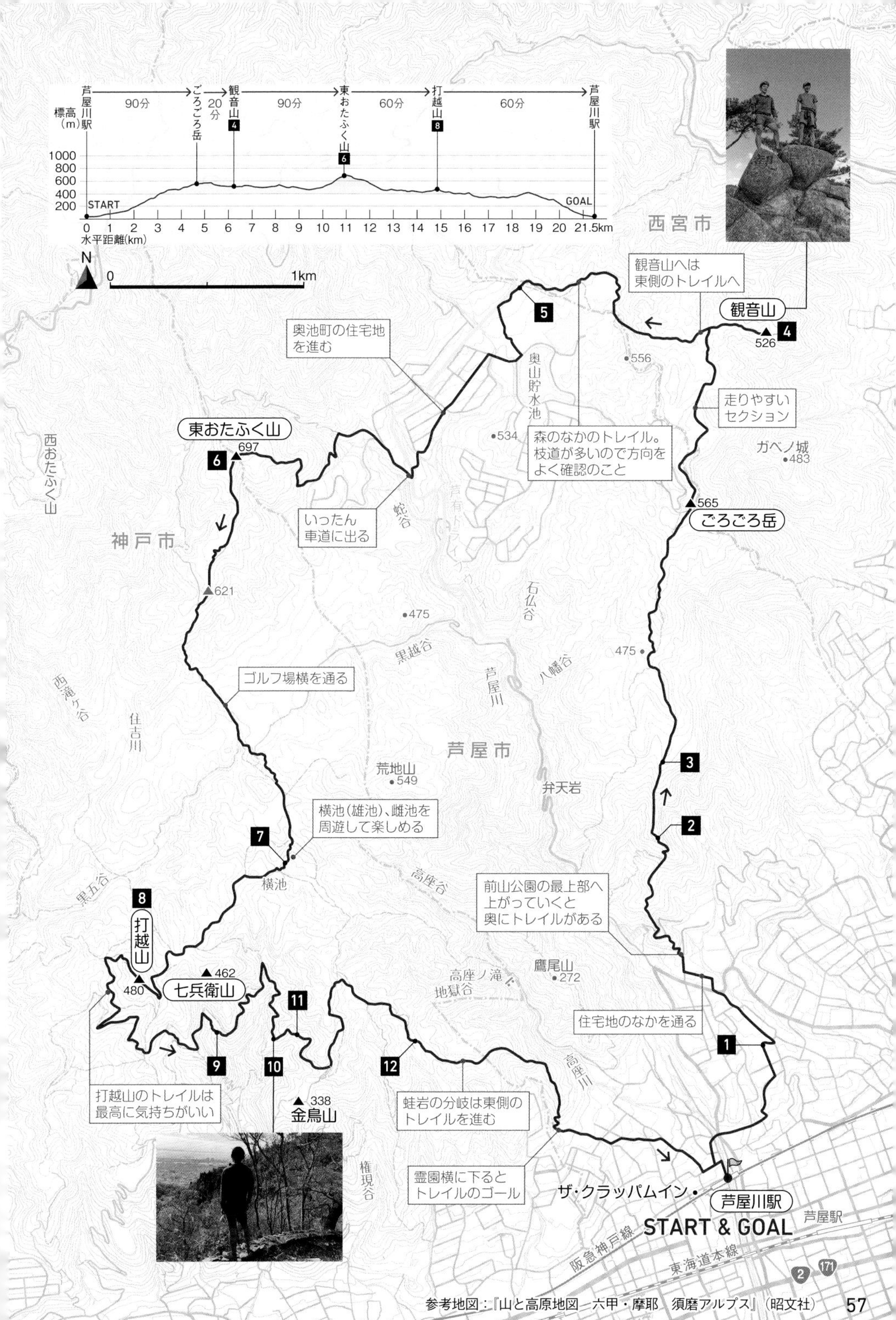

参考地図：『山と高原地図 六甲・摩耶 須磨アルプス』（昭文社）

12 兵庫 六甲山西部

阪急王子公園駅 ➔ 摩耶山 ➔ シェール槍 ➔ 再度公園 ➔ 鍋蓋山 ➔ 湊山温泉

COURSE DATA

LEVEL	■■□□ (1 2 3 4)
トレイル率	■■■□ (1 2 3 4)
START	阪急王子公園駅
GOAL	湊山温泉
走行距離	21.3km
累積標高	1046m
コースタイム	約5時間

ACCESS

阪急王子公園駅を降りて、王子公園を過ぎ住宅地脇の道を北上する。ローカルの毎日登山の道となっている青谷道で摩耶山をめざす。後半は再度公園から猩々池を経由し、大師道から元町に下るルートはもわかりやすくおすすめ。

ADVICE

まずは青谷道でおいしい湧水が汲め、その後も、摩耶山、再度公園に自販機や売店があるので、補給に関しては安心。長丁場のコース取りで、後半は森の中で暗くなるのが早いので、時間に余裕をもったプランニングを心がけよう。

摩耶山をぐるりとまわる、人の少ない静かな快走コース

5

1

1—住宅街を抜けると、摩耶山青谷道登山口の看板あり　2—少し坂を上がると急に展望が広がる　5—摩耶山上から、山と街と海の絶景が見えるのは神戸ならでは

2

3―青谷道の途中にはローカルが大切にしている湧水ポイントあり　4―天上寺跡に近づくにつれて立派な杉の巨木が現われる　6―摩耶山上掬星台は見晴らしのいい大きな公園　7―穂高湖は静かで穴場的な、非常に気持ちのいい場所

4

3

6

7

街のすぐ背後にそびえる六甲山西部のシンボルといえる摩耶山周辺をグルッとまわって、最後は温泉で締める最高のコース。のんびりした雰囲気が心地よい王子公園を抜け、地元の方々に愛される青谷道で摩耶山をめざす。途中、大杉や天上寺跡を楽しみ、展望のすばらしい掬星台でひと息入れよう。摩耶山上からは穂高湖を経由して、マニア心をくすぐるシェール槍へ立ち寄り、岩場を堪能。走りやすい川沿いのシェール道を楽しみ、森林植物園東門へ向かう。小さなアップダウンがキツい森林管理道を進み、林道から南ドントリッジなどの極上シングルトラックで再度公園へ。園内の修法ヶ原池界隈をゆっくり散策しながらひと休みして、鍋蓋山まで最後にもうひと踏ん張り。山頂では街並みの絶景をぜひ堪能してほしい。

コース後半は七三峠を経由して、平野谷西尾根、東尾根とアドベンチャラスなトレイルでダウンヒルを楽しみ平野の街へ。平野谷は森に囲まれた谷道で暗くなるのも早いので、必ずヘッドランプを持参したい。住宅街を抜けると、ゴールは源泉かけ流しのお湯が気持ちいい湊山温泉。温泉を楽しんだ後は、バスで三宮や元町などの神戸の街へ移動し、帰路へ。

8｜シェール槍の岩場で遊ぶ　9｜増水時は徒渉にもなるトゥエンティクロス最北部の布引谷を渡る　10｜最高の紅葉スポットとなる再度公園内の修法ヶ原池をクルージング　11｜静かで人も少なく、紅葉を独り占めできるシェール道　12｜平野谷のワイルドなトレイル　13｜ゴールはレトロな湊山温泉

立ち寄りスポット

青谷ベーカリー

摩耶山青谷道登山道に入る前に立ち寄ってでも買いたい、地元で愛され、昭和を感じられる老舗パン屋さん。コスパ抜群！　名物ロールパンのカツタマをぜひ堪能してほしい。
神戸市中央区中島通1-2-9
☎078-221-5934

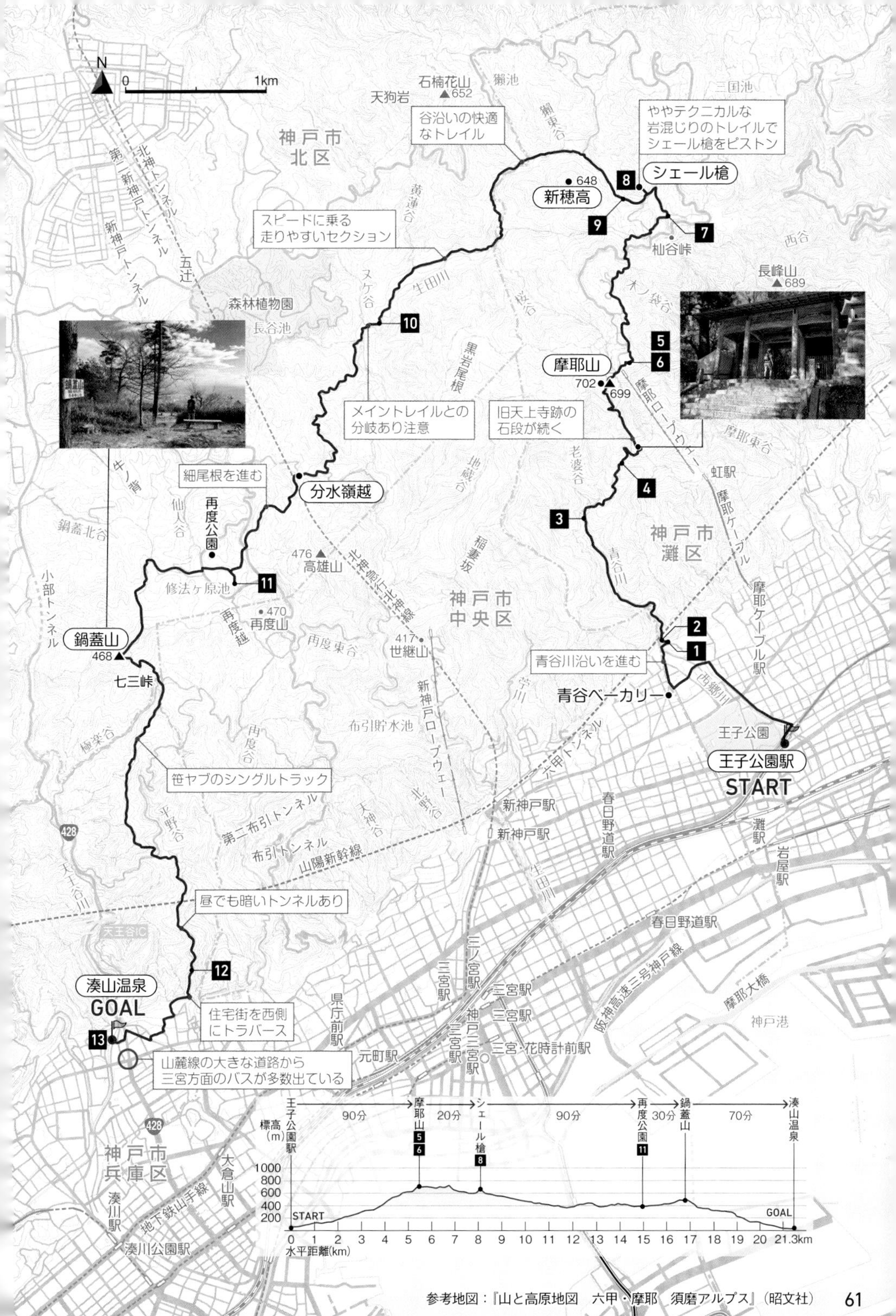
N
0
1km
石楠花山
▲652
天狗岩
獺池
三国池
神戸市
北区
谷沿いの快適
なトレイル
ややテクニカルな
岩混じりのトレイルで
シェール槍をピストン
シェール槍
648
新穂高
8
9
7
杣谷峠
西谷
長峰山
▲689
スピードに乗る
走りやすいセクション
五辻
森林植物園
長谷池
生田川
ヌケ谷
10
桜谷
黒岩尾根
5
6
摩耶山
702
699
摩耶ロープウェー
メイントレイルとの
分岐あり注意
旧天上寺跡の
石段が続く
摩耶東谷
老婆谷
虹駅
摩耶ケーブル
4
3
細尾根を進む
分水嶺越
牛ノ背
仙人谷
再度公園
地蔵谷
稲妻坂
神戸市
灘区
鍋蓋北谷
476
高雄山
北神急行北神線
青谷川
修法ヶ原池
11
小部トンネル
神戸市
中央区
再度越
470
再度山
2
1
鍋蓋山
468
417
世継山
再度東谷
青谷川沿いを進む
摩耶ケーブル駅
七三峠
新神戸ロープウェー
布引貯水池
青谷ベーカリー
西郷川
王子公園
王子公園駅
START
六甲トンネル
極楽谷
再度谷
笹ヤブのシングルトラック
平野谷
第二布引トンネル
天神谷
北野谷
新神戸駅
新神戸駅
春日野道駅
灘駅
428
天王谷川
布引トンネル
山陽新幹線
岩屋駅
昼でも暗いトンネルあり
天王谷IC
春日野道駅
12
三ノ宮駅
湊山温泉
GOAL
県庁前駅
三宮駅
三宮駅
三宮駅
阪神高速三号神戸線
摩耶大橋
神戸港
住宅街を西側
にトラバース
13
神戸三宮駅
元町駅
三宮・花時計前駅
山麓線の大きな道路から
三宮方面のバスが多数出ている
王子公園駅
摩耶山 5 6
シェール槍 8
再度公園 11
鍋蓋山
湊山温泉
90分
20分
90分
30分
70分
標高(m)
1000
800
600
400
200
START
GOAL
0 1 2 3 4 5 6 7 8 9 10 11 12 13 14 15 16 17 18 19 20 21.3km
水平距離(km)
428
神戸市
兵庫区
湊川駅
大倉山駅
地下鉄山手線
湊川公園駅

兵庫

13 丹生山脈縦走

神戸電鉄栄駅 → 丹生山 → 帝釈山 → 稚児ヶ墓山 → 鰻ノ手池 → 天下辻 → 神戸電鉄唐櫃台駅

COURSE DATA

LEVEL	3 / 4
トレイル率	3 / 4
START	神戸電鉄栄駅
GOAL	神戸電鉄唐櫃台駅
走行距離	28.9km
累積標高	1228m
コースタイム	約5時間

ACCESS

神鉄栄駅からスタート。線路を渡り、住宅地を過ぎてからは神戸市が管理する太陽と緑の道で呑吐ダムをめざす。つくはら湖沿いを少し進んでからは、広場あたりから北上している古い舗装路を進むと、丹生山への登山道にぶつかる。

ADVICE

コース上に水場は一切ない。帝釈山から東へ下りきると県道に出るが、そこの道沿いに自販機がある。唯一の補給場所なので貴重。途中、ゴルフ場横を進み、鰻ノ手池を過ぎたら、天下辻方面の東へ向かう林道を見逃さないように。

「神戸の秘境」と呼ばれる静かでワイルドな縦走路を楽しむ

1｜スタートの栄駅はローカル線らしい雰囲気の駅。売店はないので注意　2｜所々で目にする太陽と緑の道の看板　13｜エンディングにふさわしいトレイル最後の谷道の下り

六甲山の北西に広がる、知られざる「神戸の秘境」ともいわれる丹生山脈。神戸電鉄栄駅からスタートして神鉄唐櫃台駅をめざすワンウェイの旅を満喫できるコース。栄駅周辺の住宅地からいきなりトレイルに入れるが、途中、ゴルフ場を横目に舗装路を進み、香吐ダムをめざす。つくはら湖沿いの林道を北に上がると、縦走路のトレイルの入り口となり、シビレ山経由で丹生山をめざす。縦走のみであれば丹生山山頂に行かなくても先に進めるが、神社があるので、せっかくなので立ち寄ってみよう。丹生山からは快適なトレイルで帝釈山へ登り、登った後のご褒美のような、楽しい下りが待っている。一気にダウンヒルを楽しむと、自販機がある道路に到着。このコース上で唯一の補給ポイントなので、休憩がてらひと息入れよう。

稚児ヶ墓山(ちごがばやま)までの登りは大きめの石がゴロゴロ転がりテクニカル。登ってしまえば、次の花折山までも走れるトレイルで、そこから先はゴルフ場横の舗装路をひた進み、鰻ノ手池をめざす。池から先はまたトレイルになり、オフロードの林道となるのでがんばって走ろう。天下辻からナダレ尾山方面に向かい、最後は神鉄六甲駅へ向けて谷道を下り、道路沿いを走って唐櫃台駅へ。

3―巨大な香吐ダムを快適に走り抜ける　4―丹生山へ向かう縦走路のトレイルからつくはら湖を眼下に　5―丹生山山頂手前の走りやすいトラバース道　6―丹生山山頂には静かで厳かな雰囲気が漂う丹生神社がある

HYOGO
TANJO MOUNTAINS TRAVERSE

7｜トレイルのわかりにくい箇所には縦走路の看板が多く設置されている　8｜ダウンヒル好きにはたまらないテクニカルな下りも多い　9｜縦走路のなかでは、いちばんテクニカルで傾斜角もキツい稚児ヶ墓山への登り　10｜後半のロードセクション、鰻ノ手池湖畔を進む　11｜さまざまな方向からのトレイルが集まる天下辻　12｜縦走路最後の看板

立ち寄りスポット

からとの湯

ゴールの唐櫃台駅すぐ近くの好立地にある天然温泉。露天風呂に水風呂＆サウナもそろっているので、ラン後の疲労抜きに完璧。地場産の食材を使ったメニューが並ぶ食事処もあり。神戸市北区有野町唐戸1296-1　☎078-982-2639

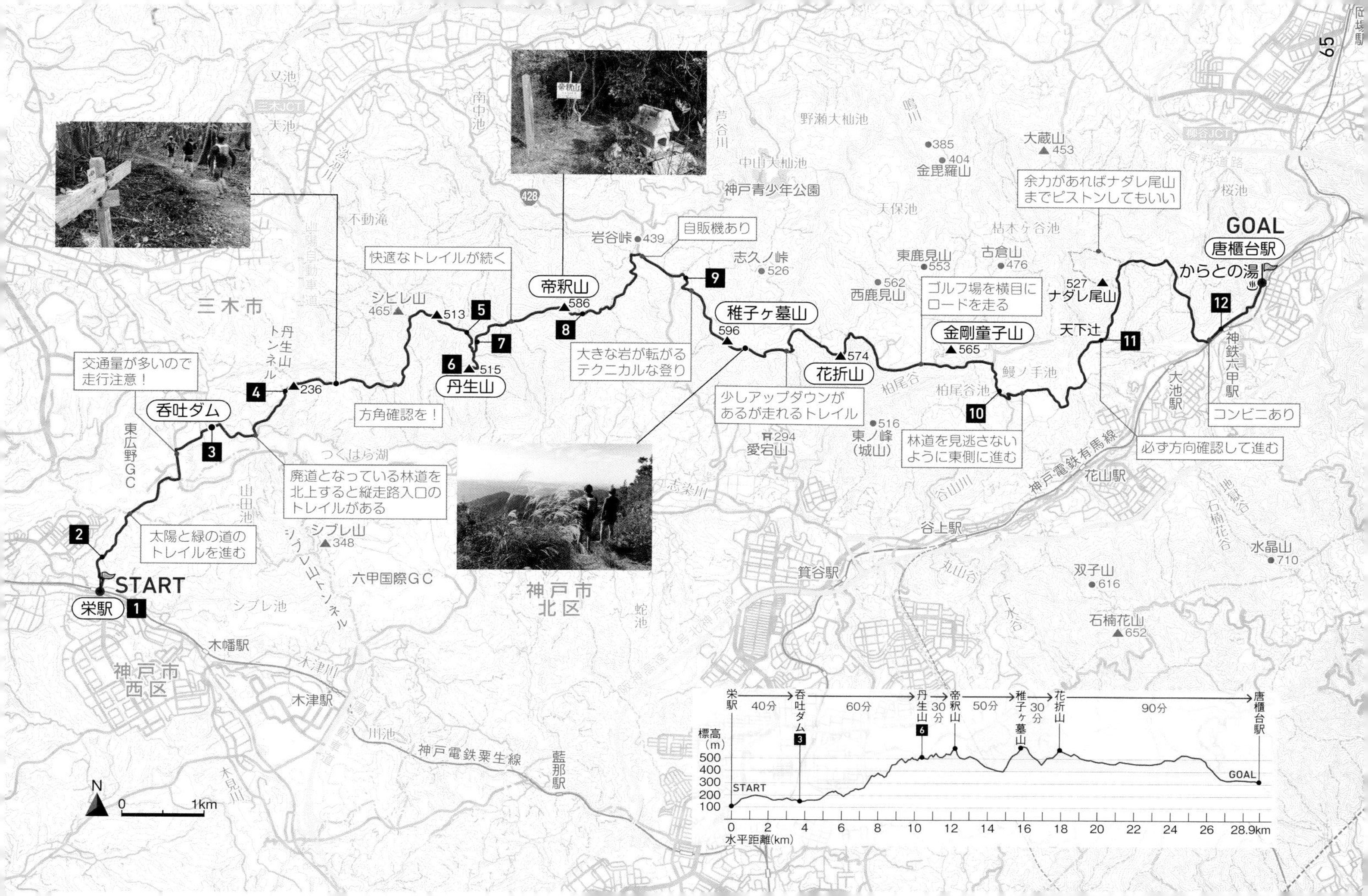
START
栄駅
1
2
太陽と緑の道のトレイルを進む
東広野GC
交通量が多いので走行注意！
呑吐ダム
3
廃道となっている林道を北上すると縦走路入口のトレイルがある
4
丹生山トンネル
▲236
三木市
方角確認を！
シビレ山 465
▲513
5
快適なトレイルが続く
6
▲515
丹生山
7
帝釈山
▲586
8
大きな岩が転がるテクニカルな登り
岩谷峠 439
自販機あり
9
稚子ヶ墓山
596
少しアップダウンがあるが走れるトレイル
▲574
花折山
金剛童子山
▲565
ゴルフ場を横目にロードを走る
10
林道を見逃さないように東側に進む
天下辻
11
必ず方向確認して進む
527
ナダレ尾山
余力があればナダレ尾山までピストンしてもいい
12
コンビニあり
GOAL
唐櫃台駅
からとの湯
神鉄六甲駅
大池駅
花山駅
谷上駅
箕谷駅
神戸電鉄有馬線
神戸電鉄粟生線
藍那駅
木幡駅
木津駅
神戸市西区
神戸市北区
六甲国際GC
シブレ山 348
シブレ山トンネル
シブレ池
つくはら湖
山田池
志染川
蛇池
不動滝
淡河川
山陽自動車道
三木JCT
又池
大池
南中池
428
芦谷川
中山大仙池
神戸青少年公園
野瀬大仙池
鳴川
385
404
金毘羅山
大蔵山 ▲453
天保池
桜池
柏尾谷
柏尾谷池
鰻ノ手池
枯木ヶ谷池
志久ノ峠 526
西鹿見山 562
東鹿見山 553
古倉山 476
東ノ峰(城山) 516
愛宕山 294
谷山川
丸山谷
下水谷
双子山 616
石楠花山 ▲652
水晶山 710
地獄谷
石楠花谷
木見川
木津川
川池
N
0
1km
栄駅 40分 呑吐ダム 60分 丹生山 30分 帝釈山 50分 稚子ヶ墓山 30分 花折山 90分 唐櫃台駅
標高(m)
500
400
300
200
100
START
GOAL
0 2 4 6 8 10 12 14 16 18 20 22 24 26 28.9km
水平距離(km)

Column
3

登山地図の読み方

登山地図は必須というよりも、山行をより楽しくしてくれるものだ。もちろん計画を立てるときや、実際に山を走るときになくてはならないのだが。

山頂をめざすことが目的ではないトレイルランにおいて、気持ちよく走るためのコース設定はなにより大切なことだ。そのために地図がある。登山地図には一般的な登山道が実線で書かれている。等高線の間隔や標高、休憩場所からの眺めを想像しながらコースを考えるひとときが、山をもっと楽しくしてくれる。

まずは地図に慣れること。登山地図の基本要素を紹介する。

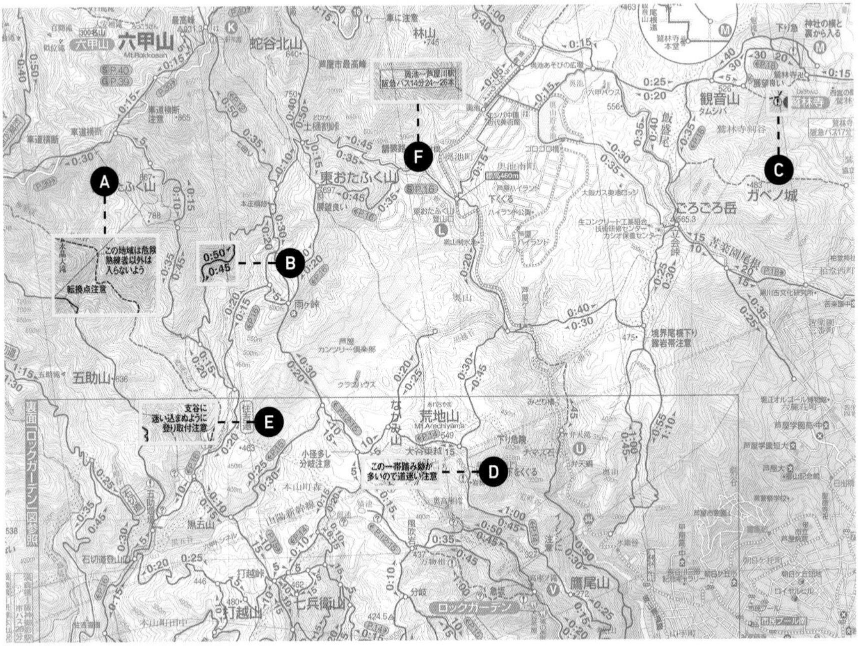

『山と高原地図2020年版 六甲・摩耶』（昭文社）

A エキスパートルート

登山地図に破線で書かれたルートは難路を意味する。道がほとんど消えている場合もあるので、慣れないうちは避けるのがベター。

B コースタイム

コースタイムはあくまで目安。等高線から勾配を考え、実力と照らし合わせて行動タイムを予想するクセをつければ、より楽しい。

C 危険箇所コメント

足場がもろい箇所や、やせた尾根など危険性の高い場所に記される。とはいえ、気をつけて慎重に進めば問題なく通過できる。

D 道迷いマーク

枝道や踏み跡が多く、方向を見誤りやすい場所に記されている。低山は仕事道や地図に載っていない枝道も多く迷いやすいので注意。

E 山行アドバイス

登山道や山頂の状況が記されている。有名な山域では売店やトイレの有無もわかる。さらにネットなどで追加情報を手に入れると安心。

F 交通機関情報

赤文字で記された地名がバス停。主要駅までの所要時間がわかる。市街地と異なり、季節によって便数が変わるので下調べは必須。

京都・奈良・滋賀・和歌山のコース

KYOTO NARA SHIGA WAKAYAMA

京都

14 京都一周トレイル

京阪伏見稲荷駅 ➔ 大文字山 ➔ 比叡山 ➔ 鞍馬 ➔ 高雄 ➔ 阪急嵐山駅

COURSE DATA

LEVEL	4
トレイル率	2
START	京阪伏見稲荷駅
GOAL	阪急嵐山駅
走行距離	67km
累積標高	3337m
コースタイム	約13時間40分

ACCESS

本来は京阪伏見桃山駅が起点、阪急上桂駅が終点のルートだが、今回は京阪伏見稲荷駅〜阪急嵐山駅の設定。嵐山をゴールにすると「嵐山温泉 風風の湯」があり、スムーズに汗を流せるうえ、京都市街地へのアクセスも容易だ。

ADVICE

嵐山から時計回りに進むと、後半に補給箇所、離脱ポイントも多く、心強い設定に。大文字山の火床を夜間パートに設定すると、最高の夜景が味わえる。観光メインなら、伏見稲荷から清水山、清水寺に下るルートがおすすめ。

京都の歴史と自然が詰まったロングトレイル

2―円通寺橋。春にはしだれ桜を楽しめる。住宅地に下りても道標があるので安心 3―清水山のトレイルは走りやすく快適 6―大文字山の火床は絶景ポイント

1｜千本鳥居をくぐり抜けて、稲荷山をめざす　4｜将軍塚の展望台から京都の街を一望　5｜琵琶湖疏水の一部、舟運ルートの鉄道跡　8｜千日回峰行の行者が京都御所に向かって祈り、唯一腰をおろせる場所。

KYOTO
KYOTO AROUND TRAIL

京都盆地を取り囲み、神社仏閣も点在する京都一周トレイルは、伏見桃山から上桂までをつなぐ、全長83.3kmのロングトレイル。京都府山岳連盟による定期的な整備が行なわれ、コースを区切っての設定もしやすいのも魅力で、さらに眺望ポイントも多くあり、京都の悠久の歴史と美しい自然を感じることができる。伏見稲荷大社の千本鳥居をくぐり抜けてからの住宅地の区間は道標がわかりやすく設置されているが、見落とさないよう注意して進もう。

大文字山からの京都市内を一望できるパノラマは壮観のひと言。京都一周トレイルの正式なルートからは逸れるが、ぜひ立ち寄りたいポイントだ。

世界遺産・延暦寺を抱く比叡山山域の杉林のアップダウンは一部修行道を含み、凛とした空気に触れることができる。大原へ駆け下り、小峠まで進むと、気持ちよい雑木林のトレイルも多く走りやすい。清滝川の清流沿いに進むルートは清涼感を感じられるので暑い日でも快適。ゴールの嵐山へぐんぐん進もう。

※京見峠分岐〜上ノ水峠は、9月25日〜11月10日まではマツタケシーズンのため、トレイルコースは通行禁止・迂回路の設定があるので気をつけよう。

HEIZAN

7｜ケーブル比叡駅のフォトスポット。トイレ、自動販売機があり、休憩にも最適　10｜向山山頂からの下りは変化に富み、リズミカルに走れる　13｜晴れた日は湖面が色鮮やかに染まる沢ノ池　14｜西明寺の参道、清滝川に架かる指月橋。心地よい風が吹き上がる

13
14

9—夜泣峠を登ってひと呼吸　11—山幸橋から小峠までは台風による倒木が多いので慎重に　12—氷室ののどかな田園風景　15—川沿いを進むスリリングなコース　16—愛宕神社の門前町として発展した嵯峨鳥居本地区。伝統的な民家が立ち並ぶ

立ち寄りスポット

山の家はせがわ

地図上でトイレポイントにもなっている、森に囲まれたログハウスのレストラン。肉厚のハンバーグが人気で、セットメニューやデザートも充実している。京都市北区鷹峯船水3　☎075-494-5150

17—嵐山の観光スポットとしても人気の竹林の小径　18—渡月橋を渡り、阪急嵐山駅でゴール

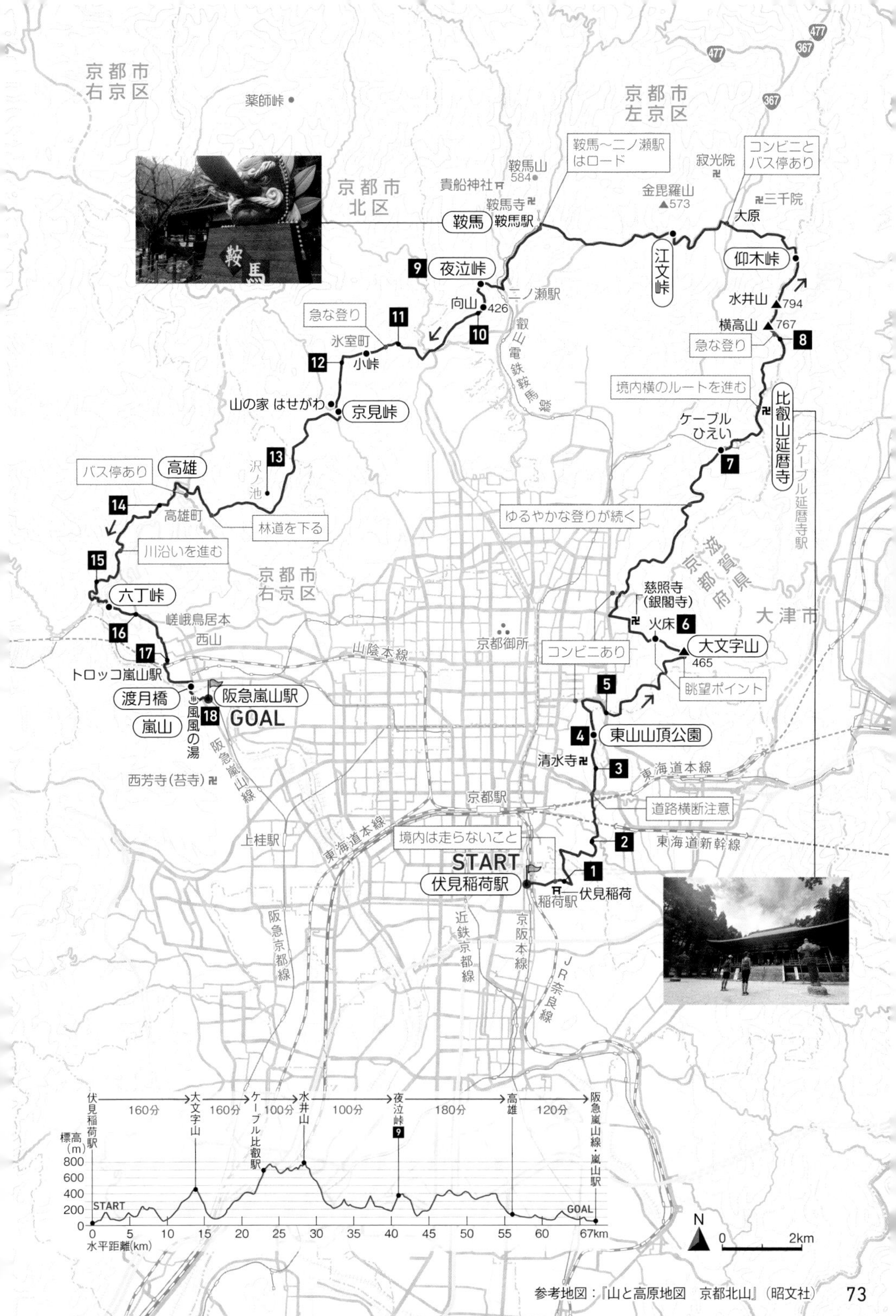

京都市右京区
薬師峠
京都市左京区
京都市北区
鞍馬～二ノ瀬駅はロード
コンビニとバス停あり
鞍馬山 584
貴船神社
寂光院
金毘羅山 573
三千院
鞍馬寺
鞍馬
鞍馬駅
大原
江文峠
仰木峠
9 夜泣峠
二ノ瀬駅
向山 426
10
水井山 794
急な登り
11
横高山 767
氷室町
急な登り
8
12
小峠
叡山電鉄鞍馬線
境内横のルートを進む
山の家 はせがわ
京見峠
比叡山延暦寺
ケーブルひえい
ケーブル延暦寺駅
13
沢ノ池
7
バス停あり
高雄
14
高雄町
林道を下る
ゆるやかな登りが続く
川沿いを進む
15
京都市右京区
京都府
滋賀県
慈照寺（銀閣寺）
六丁峠
大津市
嵯峨鳥居本
16
火床 6
西山
大文字山 465
京都御所
17
山陰本線
コンビニあり
トロッコ嵐山駅
眺望ポイント
渡月橋
阪急嵐山駅
5
18
GOAL
風風の湯
嵐山
4 東山山頂公園
清水寺
3
阪急嵐山線
東海道本線
西芳寺（苔寺）
京都駅
道路横断注意
東海道本線
上桂駅
境内は走らないこと
2
東海道新幹線
START
1
伏見稲荷駅
伏見稲荷
稲荷駅
京阪本線
阪急京都線
近鉄京都線
JR奈良線
伏見稲荷駅
160分
大文字山
160分
ケーブル比叡駅
100分
水井山
100分
夜泣峠 9
180分
高雄
120分
阪急嵐山線・嵐山駅
標高(m)
800
600
400
200
0
START
GOAL
0 5 10 15 20 25 30 35 40 45 50 55 60 67km
水平距離(km)
N
0 2km

15 京都北山

京都

市営地下鉄国際会館駅 ➔ 瓢箪崩山 ➔ 金毘羅山 ➔ 翠黛山 ➔ 焼杉山 ➔ 大原三千院

COURSE DATA

LEVEL	1 / 4
トレイル率	3 / 4
START	市営地下鉄国際会館駅
GOAL	大原三千院
走行距離	15.8km
累積標高	1161m
コースタイム	約3時間40分

ACCESS

スタートの国際会館駅から瓢箪崩山登山口までは住宅地を抜け2.5kmほど。大原の観光拠点であるバスターミナルからは日中、国際会館駅、京都駅へ交互に約15分間隔でバスが運行しているため、市街地へのアクセスもスムーズ。

ADVICE

三千院や寂光院などの観光名所が点在し、自然豊かな里山と大原観光を一度に楽しめるコース。帰りはバスで国際会館駅まで約20分、京都駅まで約1時間。春と秋の観光シーズンは、大変混雑するため、早めの行動を。

大原三山をめぐり、大原をめざす里山ルート

2

1

3

1｜瓢箪崩山のトレイルは落ち葉が積もり快適。道標もしっかりある　2｜標高を上げると走りやすいトレイルが続く　3｜瓢箪崩山山頂からは大原や比叡山が望める

瓢箪崩山から、金毘羅山・翠黛山・焼杉山の大原三山をめぐり、三千院で有名な大原がゴール。瓢箪が横に向いた形をしていることから名づけられた瓢箪崩山は道標もしっかり設置されているので、ルートに不安でも安心して進むことができる。ロッククライミングゲレンデとして知られる金毘羅山は、かつて大原の人々が雨乞いの儀式を行なった神聖な場所。気軽に登れる山で登山者も多いので、休日などは注意しよう。

翠黛山、焼杉山への縦走路はそれまでの雰囲気から一変、山深くひっそりとしたトレイルになる。人も少なく、静かな山行を楽しめるが、その分、踏み跡が少なく、不明瞭な箇所もあるため、ルートをしっかり確認しながら進む必要がある。

木々に覆われたトレイルが続くので、目立った眺望こそ得られないものの、里山ならではの、冒険感たっぷりの小刻みなアップダウンを楽しめる。メジャールートとはひと味違ったルートだが、余裕をもった時間設定で、メジャーな大原観光で締めくくることができるのが、このコースの大きな魅力。トレイルランと併せて、京の旅気分をぜひ味わってほしい。

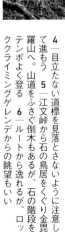

4―目立たない道標を見落とさないように注意して進もう 5―江文峠から石の鳥居をくぐり金毘羅山へ。山道をふさぐ倒木もあるが、石の階段をテンポよく登る 6―ルートから逸れるが、ロッククライミングゲレンデからの眺望もいい

KYOTO
KYOTO KITAYAMA

7

8

9

10

7｜金毘羅山からは大原の景色が眼下に広がる　8｜翠黛山は比較的フラットで走りやすい　9｜焼杉山山頂からのルートを確認　10｜杉林のアップダウンを駆け抜ける。焼杉山山頂からは下りやすく爽快感が味わえる

立ち寄りスポット

KULM（クルム）

大原の野菜をたくさん使った品数豊富なワンプレートランチが人気。開放的な店内から景色を眺めながら、ゆったり食事が楽しめる。京都市左京区大原来迎院町114
☎090-9234-0770

11

12

11｜大原女の小径に抜けるとゴールも近い　12｜三千院がゴール。参道でラン後の補給やお土産が買える

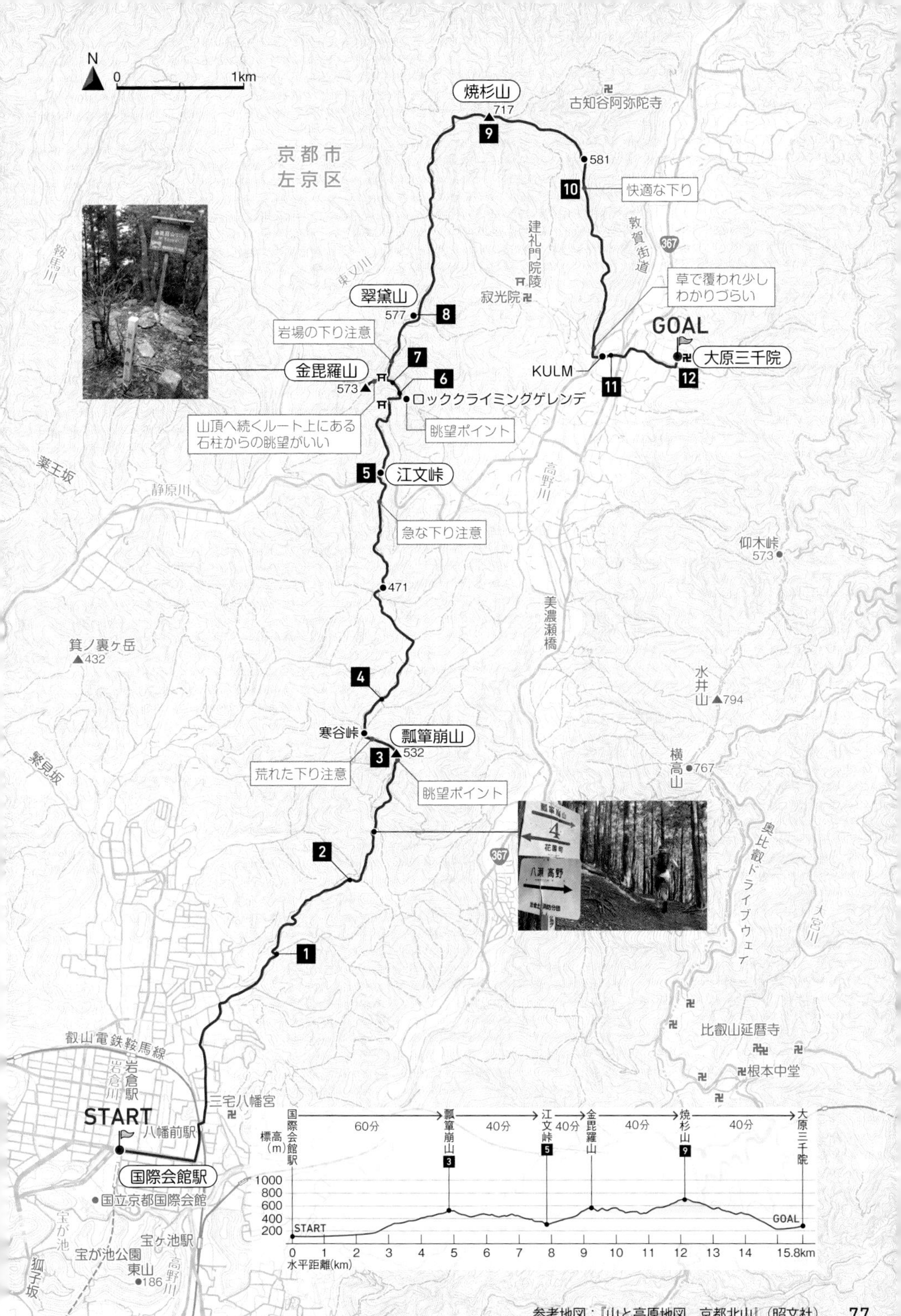
N
0
1km
焼杉山
717
9
古知谷阿弥陀寺
京都市
左京区
581
10
快適な下り
敦賀街道
367
建礼門院陵
寂光院
鞍馬川
東又川
翠黛山
577
8
草で覆われ少しわかりづらい
GOAL
岩場の下り注意
7
金毘羅山
573
6
KULM
大原三千院
12
11
ロッククライミングゲレンデ
山頂へ続くルート上にある石柱からの眺望がいい
眺望ポイント
5
江文峠
薬王坂
静原川
高野川
急な下り注意
仰木峠
573
471
美濃瀬橋
箕ノ裏ヶ岳
432
水井山
794
4
寒谷峠
瓢箪崩山
3
532
荒れた下り注意
横高山
767
眺望ポイント
繋見坂
2
367
奥比叡ドライブウェイ
大宮川
1
比叡山延暦寺
叡山電鉄鞍馬線
根本中堂
岩倉川
岩倉駅
三宅八幡宮
START
八幡前駅
国際会館駅
国立京都国際会館
宝が池
宝ヶ池駅
宝が池公園
東山
186
狐子坂
高野川
国際会館駅
60分
瓢箪崩山
3
40分
江文峠
5
40分
金毘羅山
40分
焼杉山
9
40分
大原三千院
標高(m)
1000
800
600
400
200
START
GOAL
0
1
2
3
4
5
6
7
8
9
10
11
12
13
14
15.8km
水平距離(km)

16

京都

京都嵐山

阪急嵐山駅 ➔ 苔寺 ➔ 唐櫃越 ➔ 明智越 ➔ 保津峡 ➔ 阪急嵐山駅

COURSE DATA

LEVEL	2/4
トレイル率	2/4
START	阪急嵐山駅
GOAL	阪急嵐山駅
走行距離	31.7km
累積標高	2184m
コースタイム	約6時間20分

ACCESS

スタート・ゴールともに阪急嵐山駅。駅から徒歩1分の場所にシャワーとロッカー併設のMUSUBIカフェがある。トレイルヘッドまでは阪急嵐山駅が近いが、JR嵯峨嵐山駅か、京福電鉄嵐山駅からもアクセスできる。

ADVICE

14km地点のJR馬堀駅にコンビニあり。JR保津峡駅には自動販売機がある。両駅からエスケープも可能なので、気軽に走ることができる。最後の登りはハードなので、余裕がないときは保津峡をゴールにするとよい。

ランナーのためにつくられたような理想的な周回コース

8

1

1―スタートとゴールは観光地の嵐山。ラン後のお楽しみも満載　2―まずは松尾山への登りから始まる　8―京都らしい竹林を進む。余裕があれば苔寺にも寄ってみよう

2

3｜よく整備が行き届いたトレイルで、初心者でも安心して走ることができる　4｜京都盆地の向こうに東山と比叡山が望める　5｜終始走りやすい低山のシングルトラックが続く

スタートとゴールが同じで、中盤にコンビニと駅があり、さらに後半に自動販売機と駅があるという、計画してつくられたような理想的な周回コースである。そのうえ、走りやすいトレイルサーフェイス、トレイル終点からすぐの温泉と、すべてがそろった関西トレイルランニングコースの新定番ともいえよう。

阪急嵐山駅からすぐの明瞭な道標に従って、トレイルへ入る。京都らしい竹林を抜けて、苔寺までのトレイルもすばらしい。

唐櫃越（からとごえ）もまさにトレイルランニングにうってつけのコースで、スピードが出やすい起伏の連続でアッという間に沓掛山（くつかけ）を越えて、馬堀へのロードに出る。馬堀駅からひとつ目の踏切を渡って、川沿いの道を走り、橋を渡って文覚寺をめざす。そこからは明智越の道標が明瞭なので迷うことはない。高瀬山へのトレイルは本コースのハイライト。

トロッコ保津峡駅からは駅舎の左の階段を下りて、川沿いを200mほど下流に向かったところで線路下のトンネルをくぐると急な山道の取付となる。

烏ヶ岳から松尾山のトレイルは明瞭でとても走りやすい。嵐山の渡月橋方面を見下ろしながら、最後のトレイルを満喫しよう。

6｜松尾山林道にある山の神　7｜松尾山を下りてきて、唐櫃越へ合流する徒渉ポイント　9｜馬堀駅を越えて沈下橋を渡る　10｜明智越のトレイルは本コース最大のお楽しみポイント。走りやすいシングルトラックが続く

立ち寄りスポット

MUSUBI CAFÉ 嵐山店

シャワー＆ロッカーを併設したカフェ。ココロとカラダにやさしいことをテーマに、食材にこだわった健康的なメニューを提供。講習会や試走会なども開催している。
京都市西京区嵐山西一川町1-8　☎075-862-4195

11｜トロッコ保津峡駅への吊り橋を渡る。エスケープの誘惑に負けないよう！　12｜烏ヶ岳から嵐山を見下ろす

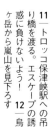

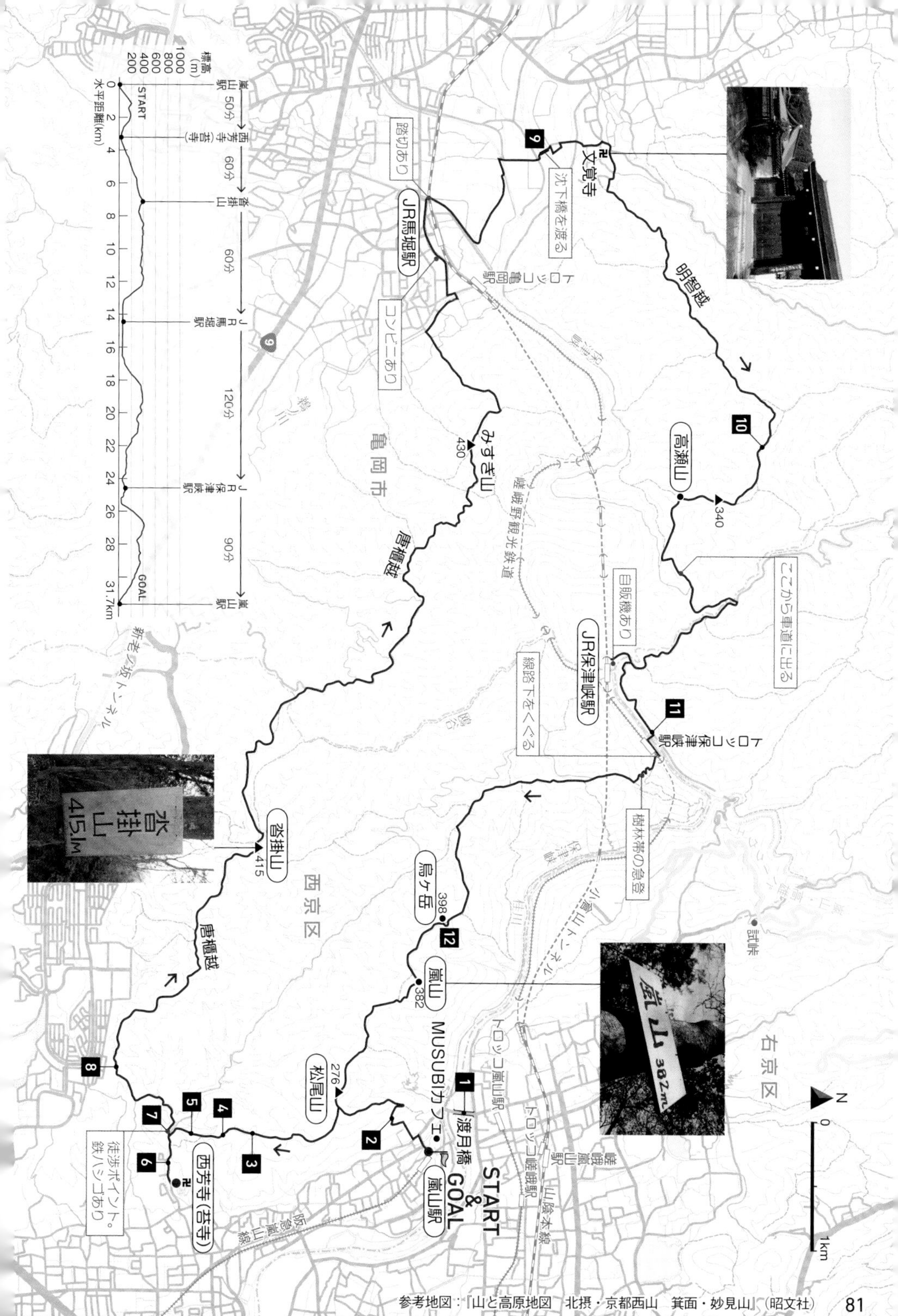

START
&
GOAL
嵐山駅
渡月橋
MUSUBIカフェ
松尾山
276
嵐山
382
烏ヶ岳
398
西芳寺（苔寺）
徒渉ポイント。
鉄ハシゴあり
唐櫃越
沓掛山
415
沓掛山
415.1m
西京区
亀岡市
右京区
みすぎ山
430
JR馬堀駅
コンビニあり
踏切あり
トロッコ亀岡駅
沈下橋を渡る
文覚寺
明智越
高瀬山
340
ここから車道に出る
自販機あり
JR保津峡駅
線路下をくぐる
トロッコ保津峡駅
樹林帯の急登
嵯峨野観光鉄道
小倉山トンネル
トロッコ嵐山駅
トロッコ嵯峨駅
嵯峨嵐山駅
山陰本線
阪急嵐山線
新老ノ坂トンネル
試峠
N
0
1km
標高(m)
1000
800
600
400
200
嵐山駅
西芳寺（苔寺）
沓掛山
JR馬堀駅
JR保津峡駅
嵐山駅
50分
60分
60分
120分
90分
START
GOAL
水平距離(km)
0
2
4
6
8
10
12
14
16
18
20
22
24
26
28
31.7km

17

京都

京都東山・醍醐縦走

市営地下鉄蹴上駅 ➔ 大文字山 ➔ 逢坂山 ➔ 音羽山 ➔ 醍醐寺 ➔ 市営地下鉄醍醐駅

COURSE DATA

LEVEL	1
トレイル率	3
START	市営地下鉄蹴上駅
GOAL	市営地下鉄醍醐駅
走行距離	23.6km
累積標高	1254m
コースタイム	約5時間15分

ACCESS

京都市営地下鉄蹴上駅から南禅寺に抜けるレンガ造りのトンネル（ねじりまんぽ）をくぐり、スタート。醍醐寺から京都市営地下鉄醍醐駅までは約1km。JR・京阪京津線とも連結している山科駅へもアクセスが容易。

ADVICE

逢坂山から蝉丸神社へ下ってすぐ、スタートから約13km地点の京阪京津線大谷駅が離脱ポイント。世界遺産・醍醐寺は京都屈指の桜の名所として知られ、桜の見頃の時期には多くの観光客で大変混み合うため注意が必要。

歴史的見どころと美しい眺望を満喫

6

1

2

1―日向大神宮の境内にある岩戸くぐりで厄除け祈願　2―杉の根が張った神秘的なトレイルを登る　6―逢坂山山頂は琵琶湖の展望がすばらしい休憩ポイント

3｜大文字山山頂からは大阪の高層ビル群まで見渡せる　4｜如意ヶ岳航空施設から舗装道路をしばらく下り、ガードレールをくぐって登山道へ　5｜長等山から小関峠をめざす　7｜蝉丸神社の脇から逢坂の関へ。公衆トイレもある

市街地からもほど近く、気軽に行ける低山をつないだ、細かなアップダウンが走りごたえのあるコース。自然林が美しく、ビューポイントも点在しているため、飽きずに走り続けることができる。

蹴上から大文字山山頂へは登山客も多いため、ウォーミングアップも兼ね、配慮しながら進む。如意ヶ岳方面へ向かうルートへは「如意越」の道標が目印。雨社大神が左手に見えてくると分岐の目安。少し進むと分岐があるので見逃さないようにしよう。

如意ヶ岳山頂を取り囲むような航空保安施設のフェンスが見えたら、右巻きに進む。そこからは気持ちよく走ることができるトレイルだが、分岐もたくさんあるので慎重に進もう。蝉丸の「これやこの～」でおなじみ、古くから交通の要であった関所・逢坂の関を経て、音羽山へ。

音羽山は東海自然歩道として整備され、多くの人の憩いの場にもなっている。音羽山山頂を過ぎると静かでひっそりとしたルートになるが、ところどころに道標もあるので、しっかり確認しながら進もう。

長尾天満宮の敷地に入るとゴールの醍醐駅まではあと少し。醍醐寺に立ち寄り、京都観光を楽しむのもおすすめだ。

8｜音羽山序盤、急な階段を登り終えると爽快感のあるトレイルに　9｜東海自然歩道のルートから牛尾観音方面へ　10｜清水寺の奥の院ともいわれた牛尾観音の参道を下る　11｜桜の馬場の橋を渡り高塚山へ　12｜高塚山から長尾天満宮へ下るルートはシダが生い茂る美しいトレイル　13｜長尾天満宮を下って醍醐寺へ。ゴールまではロードで少しだ

立ち寄りスポット

逢坂山 かねよ

逢坂の関にある老舗うなぎ店。本店と予約不要の気軽に入れるレストランがある。鰻丼の上に卵3個を使っただし巻きをのせた「きんし丼」が名物。
大津市大谷町23-15
☎077-524-2222

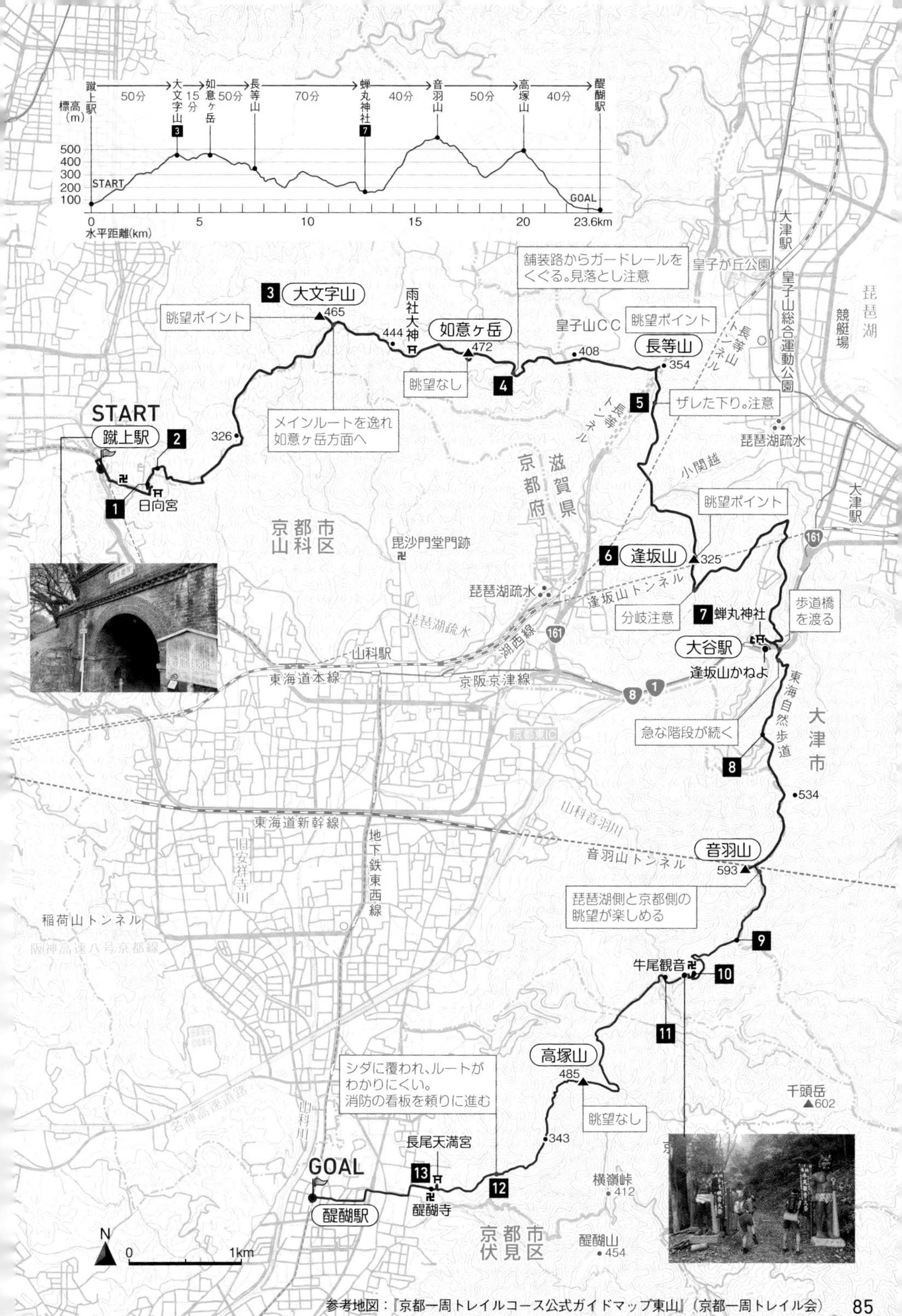

参考地図：『京都一周トレイルコース公式ガイドマップ東山』（京都一周トレイル会）

18 京都西山

京都

JR山崎駅 ➔ 天王山 ➔ 釈迦岳 ➔ ポンポン山 ➔ 老ノ坂峠バス停

COURSE DATA

LEVEL	1 2 3 4
トレイル率	1 2 3 4
START	JR山崎駅（阪急大山崎駅）
GOAL	老ノ坂峠バス停
走行距離	20.6km
累積標高	1002m
コースタイム	約5時間

ACCESS

JR山崎駅と阪急大山崎駅は近いので、どちらからもスタート可。ゴールは最後のロードを走れば、仁左衛門の湯か阪急桂駅まで行けるが、歩道のない国道9号の脇を走ることになるので、老ノ坂峠からバス利用がおすすめ。

ADVICE

水場はかなり後半の京都西山グラウンド付近までないので、夏場は多めに。トイレは中盤の森の案内所にある。釈迦岳、小塩山から東側へエスケープ可能。西山グラウンドから首塚明神の入り口は車用フェンスを越えなくてはならない。

歴史ロマンに触れながら京都盆地の西を豪快に縦走

7

1

2

1—宝積寺の山門をくぐってトレイルイン **2**—2018年の台風の影響で、倒木がそのままになっている **7**—西山古道の展望地から京都方面への展望。向こうは東山

3―天王山山頂。大阪城築城前は、秀吉はここにいたそうな　4―天王山を越えるとお楽しみトレイルのはじまり　5―イノシシよけの柵があるのでキッチリ施錠を　6―西山古道に入るあたりの明るい田園風景

「天王山の戦い」という言葉はよく聞くけれど、では、誰と誰が戦った？と問われたら、ちゃんと答えられるだろうか。答えは明智光秀と羽柴秀吉である。本コースを走る前に少し下調べしていくとおもしろい。天王山の展望台に立つと、戦国時代の武将たちが、なぜこの地を要所としたかよくわかる。大阪・京都の平野と、当時の交通の要だった淀川を俯瞰することができる。展望台には屏風絵や案内板もあり、とても勉強になる。

コースはトレイルランに適した標高600m前後をつないでいるので、とても走りやすく、釈迦岳・ポンポン山以外はハイカーも少ない。西山を一気に全山縦走するというスタイルは、トレイルランならではの機動力を生かしたコース取りといえる。

全体的にわかりやすいトレイルだが、ポンポン山を下りてすぐの分岐は、北へまっすぐ延びる尾根を進むこと。また西山グラウンドからトレイルに入る部分はわかりにくいが、少し進むとすぐに明瞭なトレイルとなる。慣れてくればポンポン山から摂津峡へと向かうコースもとれるし、上級者なら老ノ坂から京都嵐山コースへ継続も可。ウルトラ好きには、京都一周コースに継続して100kmコースにすることもできる。

8｜ポンポン山の山頂は、かつて空洞があり、足踏みすると音がしたとか　9｜西山古道はマイナーな古道で走りやすい

立ち寄りスポット

仁左衛門の湯

ロードを走っても行けるが、老ノ坂峠バス停から乗車したら三ノ宮バス停下車。2種類の源泉かけ流しの贅沢な日帰り温泉。ぬるめの源泉はずっと入っていられる心地よさ。京都市西京区樫原盆山5　☎075-393-4500

10｜ポンポン山からの走りやすいトレイルを行く　11｜森の案内所の手前に小川があり、夏場はアイシング可　12｜小塩山への登りは最後の踏ん張りどころ　13｜京都らしい竹林を越えると首塚明神がある

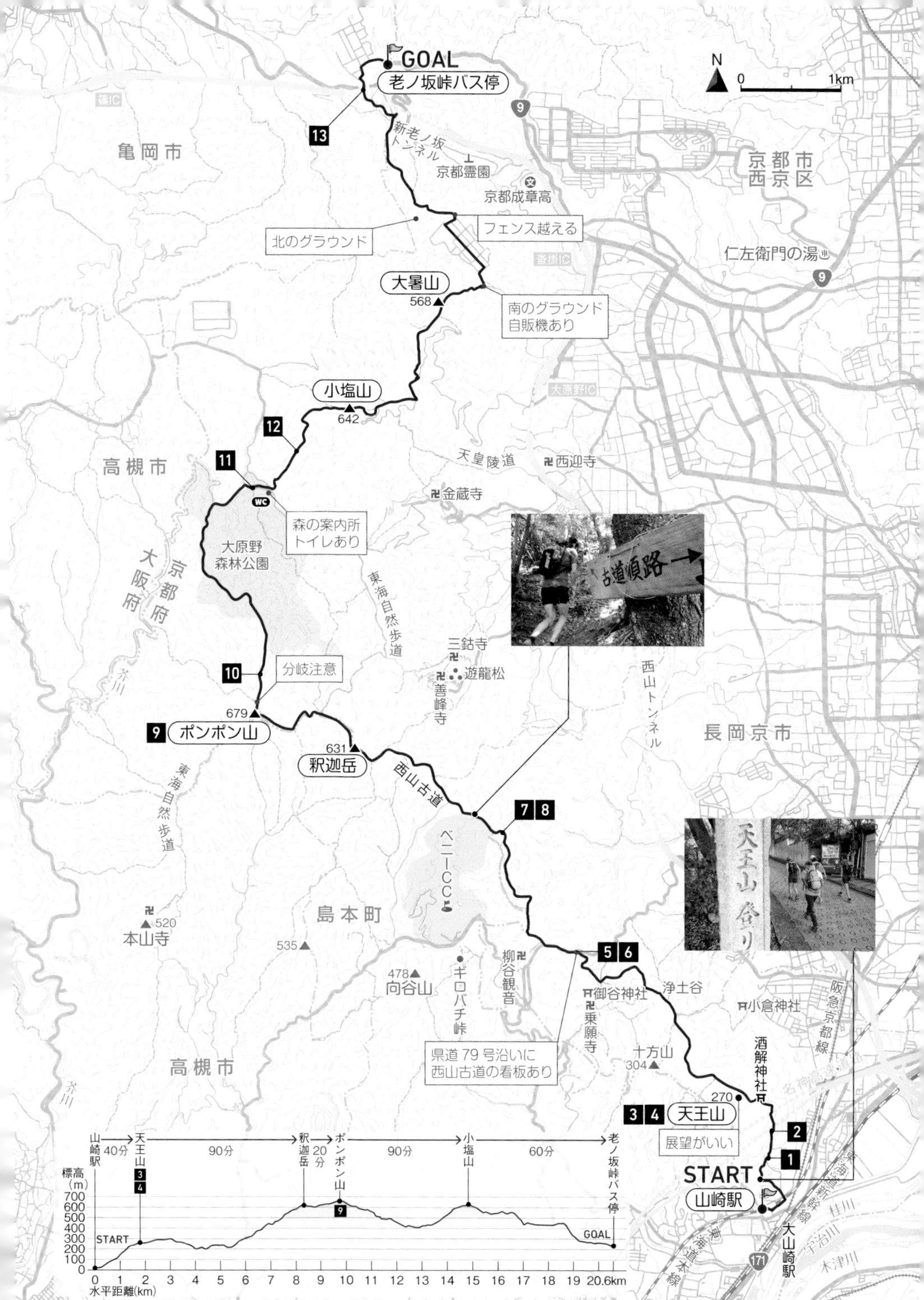

参考地図：『山と高原地図　北摂・京都西山　箕面・妙見山』（昭文社）

19

奈良

伊勢辻・薊岳

やはた温泉 ➲ 伊勢辻山 ➲ 明神平 ➲ 薊岳 ➲ やはた温泉

COURSE DATA

LEVEL	■■□□ (1 2 3 4)
トレイル率	■■■■ (1 2 3 4)
START	やはた温泉
GOAL	やはた温泉
走行距離	19.5km
累積標高	1486m
コースタイム	約5時間10分

ACCESS

車利用が便利。南阪奈道路から国道166号経由。大阪市内から約2時間。電車利用は榛原駅からバス。菟田野で大又行きのコミュニティバスに乗り換え。現在は平日のみ運行。東吉野村役場HPにて確認のこと。要予約。

ADVICE

標高1000m以上になるため夏でもやや涼しい。明神平を5分ほど下ったところに湧水がある。明神平からエスケープ可能。たかすみ温泉から伊勢辻山に向かってくる道を利用すると、距離は延びるがアクセスはいい。

高地をめぐる、近場とは思えないリゾート感満点コース

8

1

1―和佐羅滝の入り口からトレイルイン　3―数百年間も大切に手入れされてきた林道　8―自然林の尾根道は走りやすい。ところどころブナ林もある。トレイルは明瞭

3

2—和佐羅滝でマイナスイオンを浴びてリフレッシュ　4—斜度はトレイルランに最適。急登は少ない　5—ついついぶっ飛ばしたくなるが、ハイカーには留意しよう　6—伊勢辻からは開けた明るい林になる

本コースの最大の魅力は、なんといっても標高1000ｍ以上の峰々を走り続けられる、関西の山とは思えないロケーションのよさ。斜度も適度で走りやすく、沢沿いの道から展望のよい尾根道を経由し、最後の植林帯は超高速ダウンヒルを満喫。コースは変化に富み、そのうえゴールは温泉と、トレイルランの楽しみがすべて詰まったゴールデンコースといえよう。

唯一の弱点は、公共交通機関を利用してアクセスするのがかなり面倒なこと。複数人ならレンタカー利用がおすすめだ。和佐羅滝のトレイル入り口は明瞭。この沢の水は地元の方々の水源地になっており、水流に立ち入らないように注意しよう。そこから植林地をゆるゆると登る。吉野は江戸時代以前から日本最大のヒノキの産地で、林道も古道の趣がある。

伊勢辻山は展望がすばらしい。標高1300ｍ前後を走り続けられることから、さながら「関西の上高地」といったところか。明神平にはかつてスキー場があったことからも、この地が寒冷地であることがわかる。

薊岳の前後は少しスリリングな尾根道だが、最後のダウンヒルもすばらしい。疲れを忘れて駆け下れば、夏ならきれいな清流、それ以外の季節は温泉が待っている。

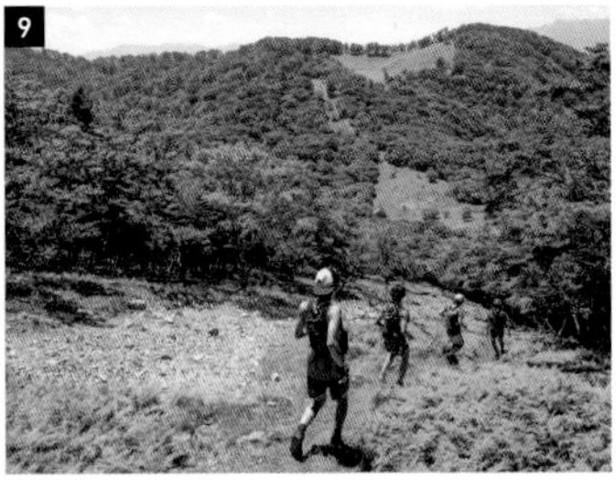

7｜遠くに台高の山々が見え、尾鷲までつながっている　9｜明神平への下り。わくわく感が止まらない　10｜かつてこのあたりにスキー場があっただけに、高地ならではのリゾート感がある　11｜薊岳は岩々としている。前後は慎重に歩こう　12｜最後の高速ダウンヒル。夢中になりすぎてロストしないように　13｜シメは清流でのアイシング

立ち寄りスポット

グットウルフ麦酒

トレイルランナー夫婦が経営するクラフトビールの醸造所＆ビアバー。ここで飲むために走りに行く価値があるといっても過言ではない。隣のふるさと村は宿泊可。東吉野村大豆生145
☎0746-48-8154

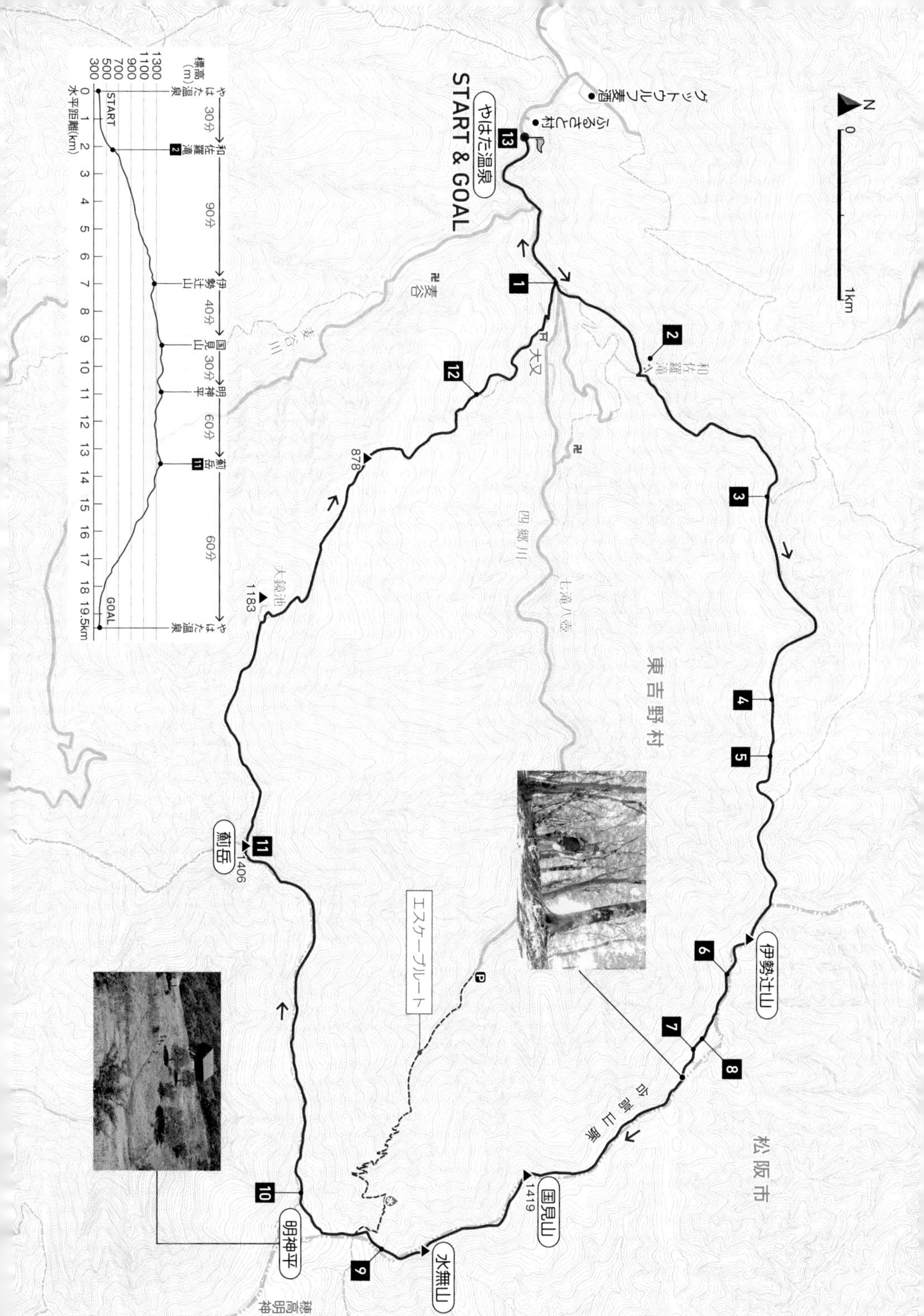

参考地図：『山と高原地図　大台ヶ原　高見山・倶留尊山』（昭文社）

20

奈良

矢田丘陵

近鉄白庭台駅 ➔ ドンデン池 ➔ 椪ノ木峠 ➔ 子どもの森 ➔ 近鉄東山駅

COURSE DATA

LEVEL	1 / 4
トレイル率	2 / 4
START	近鉄白庭台駅
GOAL	近鉄東山駅
走行距離	15.6km
累積標高	922m
コースタイム	約3時間

ACCESS

近鉄白庭台駅からスタートし、生駒総合公園への坂を越えて、しばらく下ったところにトレイルヘッドがある。松尾寺から下りきって、JR法隆寺駅へ抜けることもできるが、駅近くに温泉がある近鉄東山駅のほうがおすすめ。

ADVICE

帝塚山大学でいったんロードに出るところと、椪ノ木峠、松尾寺に自動販売機がある。今コース以外にも東明寺、矢田寺方面を経由するトレイルもあり、自由に組み合わせてオリジナルのコースをつくってみるのも楽しい。

里山トレイルランニングの魅力が詰まった入門者に最適のエリア

1—白庭台駅からはロードの登り坂　2—秋から冬にはフカフカの落ち葉の絨毯のようなトレイル　4—地形がおのずと走らせてくれるようなトレイルラン向きアップダウン

標高300ｍ程度の丘陵地であり、地元住民に愛されている散歩道も、トレイルランナーにとってはスリリングな遊び場となる。細かいアップダウンを繰り返すことから、ジェットコースター的なランニングが楽しめる。

山登り的な危険要素がまったく見当たらないため、これからトレイルランニングを楽しみたい方に最適な入門コースでもある。

白庭台駅から総合公園へのキツいロードは、ちょうどよいウォームアップとなる。坂を下りだしてしばらくで、明瞭な道標がありトレイルへ入る。

コナラの森、ドンデン池周辺は、ときに珍しい野鳥にも会えるので、ぜひ探しながら走ってみてほしい。帝塚山大学の正門横から桧ノ木峠までの3kmほどは、今コースのハイライト。自然林の中のスラローム的なコースを走れば、きっとトレイルランニングが好きになるはず。

整備された広大な広場である子どもの森はベンチや水場、トイレもあり、休憩するにはもってこい。管理棟には丘陵全体の地図も置いてあるので、いろいろなコースを探しながら走るのもおすすめである。道標がなくても、明瞭な踏み跡は必ず下の住宅地につながっているので安心だ。

3

5

6

3｜帝塚山大学の正門前の道路にいったん下る　5｜明るく見晴らしのよいトレイルが続き、初心者も心配なく走れる　6｜桧ノ木峠は弘法大師も若かりしころ修行した場である

7｜子どもの森は広大な芝生広場　8｜矢田山遊びの森には水鳥も多く訪れる　9｜木の根をかわしつつ、ついついスピードアップしてしまうトレイル。ハイカーに要注意！

立ち寄りスポット

ガーデンカフェ凪

松尾寺から下りきってすぐ左へ曲がり、ゴルフ場の中の道を通り抜けた先の池の奥にあるカフェ。カラダが喜ぶオーガニックメニューが中心。木・日曜定休。貸し切りパーティ可。生駒郡斑鳩町三井541　☎0745-51-3814

10｜国見台からは大和郡山方面の眺望　11｜ゴルフ場脇の池を越えるとカフェがある　12｜近鉄東山駅方面に下ると、音の花温泉がある。泉質がとてもすばらしい

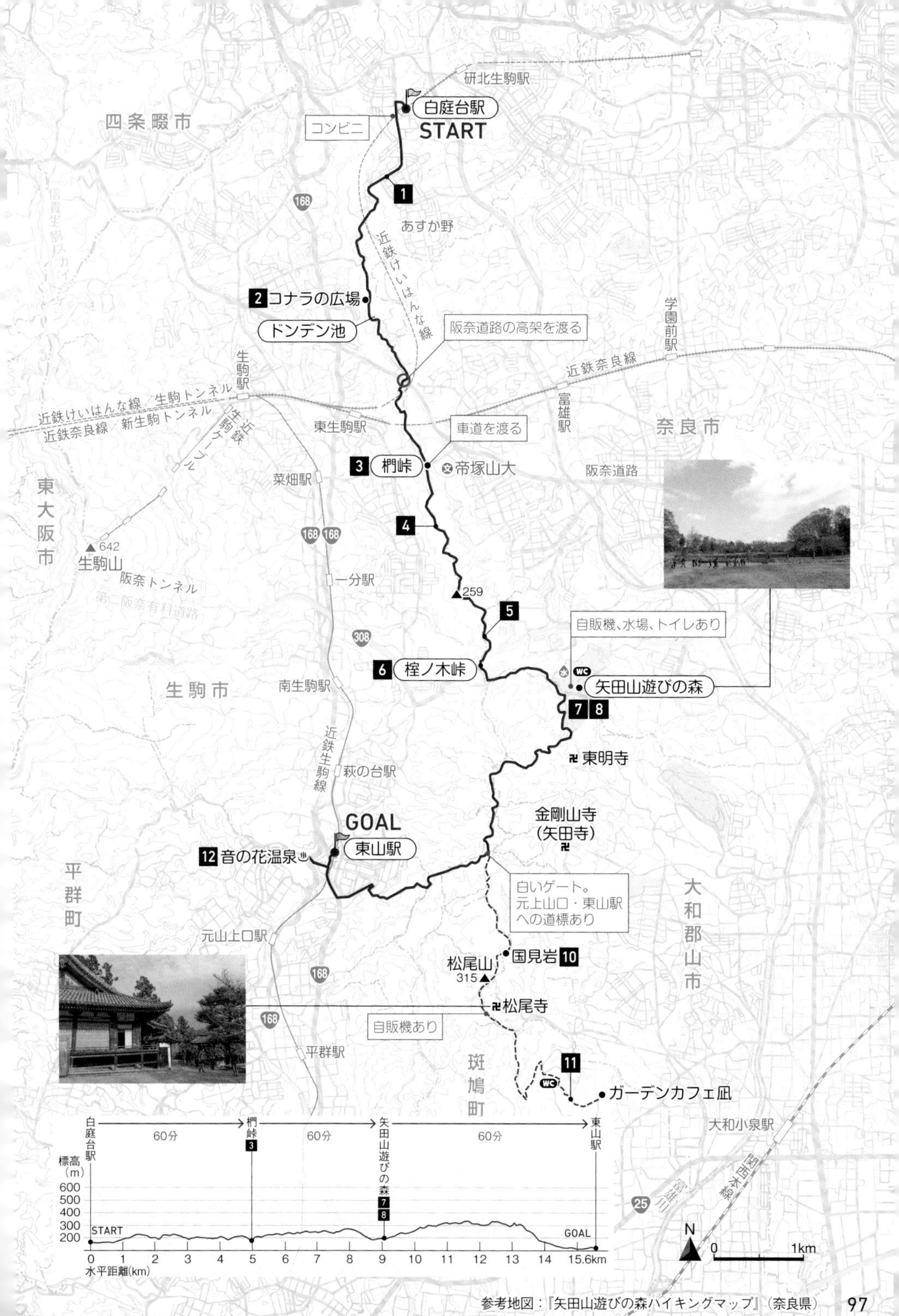

参考地図：『矢田山遊びの森ハイキングマップ』（奈良県）

21

奈良

室生古道・曽爾高原

近鉄室生口大野駅 ➔ 室生寺 ➔ 住塚山 ➔ 鎧岳・兜岳 ➔ 曽爾高原青少年自然の家

COURSE DATA

LEVEL	2 / 4
トレイル率	2 / 4
START	近鉄室生口大野駅
GOAL	曽爾青少年自然の家
走行距離	31.5km
累積標高	2050m
コースタイム	約6時間50分

ACCESS

JR環状線鶴橋駅から約1時間でスタート地点の室生口大野駅へ。帰りは太良路バス停になるので、曽爾高原へ行く場合はロードの往復になる。10・11月は曽爾高原へ臨時バス便あり。鎧兜岳手前で曽爾横輪バス停へもエスケープ可。

ADVICE

室生寺に自販機・売店があるが、それ以降は新宅本店前バス停まで補給はない。鎧岳・兜岳を下って新宅本店前バス停から帰っても充分に走り応えがある。曽爾高原へ臨時バスのある秋がおすすめ。住塚山を下りてエスケープ可能。

知られざる古道と激しいアップダウンの鎧・兜岳をめぐる

12

1

2

1―室生口大野駅から川沿いを進む　2―室生古道は終始川沿いの気持ちのよいトレイル　12―曽爾高原は関西有数のハイキングスポット。ススキのシーズンは特におすすめ

3—古道ならではの石畳が続くが、シューズの性能で走りやすさは差が出る　4—室生寺あたりの集落　5—室生寺は山林修行の場でもあった　6—川のせせらぎとともに進む

トレイルランの機動力を生かして、知られざる古道で名所をつなぐ、変化に富んだコースである。曽爾高原まで行く場合はススキのシーズンがおすすめで、臨時バス便もあり便利だ。

室生口大野駅からは道標も完備され、室生寺まで迷うことはない。室生寺は女人高野とも呼ばれ、女人禁制だった時代に、多くの女性がお参りしたといわれている。古道は石畳が敷かれ、雰囲気があるが、じわじわと登るためよいトレーニングにもなる。住塚山はエスケープ可能だが、展望がいいので、走力に余裕がある人はぜひ登ってもらいたい。

鎧岳・兜岳は関西有数のアップダウンの激しさ。転倒に気をつけよう。スカイレースさながらの激登り・激下りを踏ん張れば、すばらしい展望が得られる。そこからゴールの曽爾高原はすぐそばに見える。

鎧岳を下ると、新宅本店前のバス停。そこから帰っても充分な満足感だが、ロードトレーニングのつもりで曽爾高原をめざせば、さらに充実感はアップするうえ、温泉に入ることもできる。バスの時刻をよく確認して走ろう。曽爾高原のお亀池周辺は関西でも有数の景勝地で、ランナーならずとも一度は訪れておきたい場所だ。

7｜清浄坊の滝周辺は沢登にもよい　8｜兜岳への登りは短いが超ハード。火山性地形で、ところどころ岩盤が露出している　9｜住塚山へのシングルトラックは気持ちいい　10｜鎧岳は雄々しい山容の個性的な山。国の天然記念物にも指定されている　11｜新宅本店バス停まで激下りが続く

立ち寄りスポット

お亀の湯

曽爾高原の近くにあり、泉質のよさで有名。ススキのシーズンなら、ここからバス便があるため便利。それ以外の季節は太良路バス停まで歩いて下る。水曜定休　宇陀郡曽爾村太良路830
☎0745-98-2615

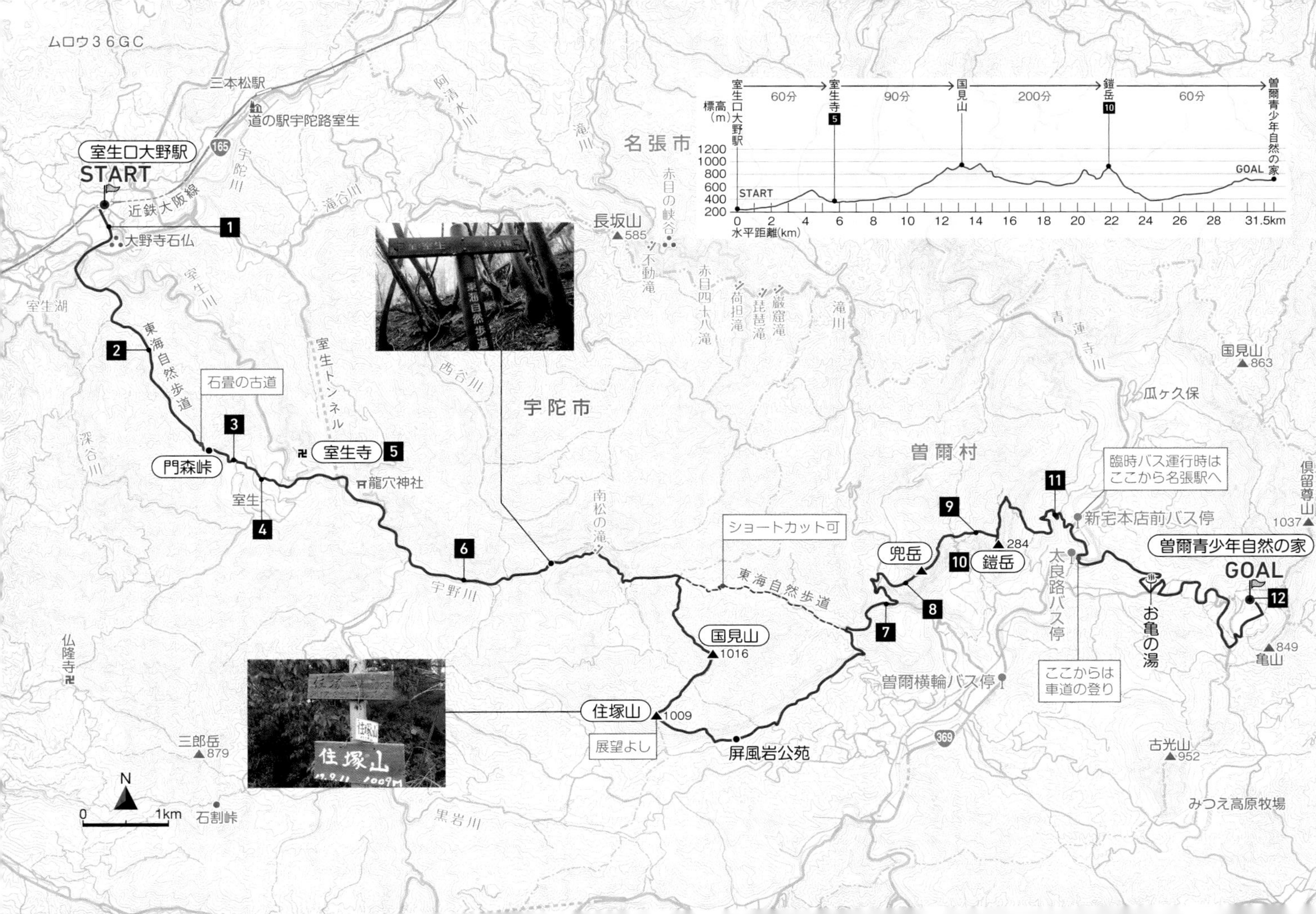

参考地図：『山と高原地図　大台ヶ原　高見山・倶留尊山』（昭文社）

22

奈良

弥山・八経ヶ岳

天川川合バス停 ➔ 狼平 ➔ 弥山小屋 ➔ 八経ヶ岳 ➔ 天川川合バス停

COURSE DATA

LEVEL	3/4
トレイル率	4/4
START	天川川合バス停
GOAL	天川川合バス停
走行距離	23.6km
累積標高	922m
コースタイム	約7時間40分

ACCESS

バス利用の場合、天川村総合案内書前の川合バス停がスタートとなる。近鉄下市口駅から約５５分。車利用の場合、天川村役場に駐車可（ただし役場に要連絡）。カナビキ尾根を利用の場合、熊渡に数台の駐車スペースあり。

ADVICE

コース上に水場はない。関西有数の累積標高差のあるルートのため、充分な水と食料を持つこと。スタート前にバスの時刻表をよく確認して、ゆとりをもった計画を立ててほしい。天川川合バス停近くに食堂がある。

世界最古のロングトレイル、大峰奥駈道の最高点をめぐる

NARA MISEN・HAKKYOGATAKE

5

1

1―栃尾辻を越えると広い尾根にブナ林が広がる　2―大峰特有の深い森を駆け抜ける　5―弥山山頂付近は枯れ木がつくりだす独特な雰囲気の森。神秘的なスポット

2

3―標高1300mまで駆け上がってくると弥山山頂　4―枯れ木も山のにぎわいとはこのことか　6―遠くに大峰奥駈道の山々が望める　7―コケの雰囲気もどこか趣がある

日本百名山にも選ばれている八経ヶ岳へは行者還トンネルからのコースが一般的だが、ランナーの機動力を生かして、川合から標高差1300mを一気に登りきるコースを紹介する。関西一の標高の八経ヶ岳を登るだけに登山的要素も強いハードなコースである。1300年前に役行者によって見出された、世界最古のロングトレイルともいえる大峰奥駈道のもつ特別な存在感をぜひ体感してもらいたい。

川合からすぐの吊り橋を渡りトレイルへッドへ。栃尾辻までは、植林の中の登りだが、標高が上がるにつれ、徐々に美しいブナ林へとつめていく。狼平は日本で最後にオオカミが目撃された場所といわれ、人里離れた奥深い森の中に美しい川が流れ、桃源郷のような雰囲気を醸し出している。

天川奥宮にお参りし、弥山小屋の前のベンチで休憩してから、いよいよ関西最高峰の八経ヶ岳をめざそう。いにしえより信仰の対象とされてきた独特な雰囲気は、ここでしか経験できないすばらしいものである。

弥山辻から、レンゲ道を下る。このあたりも森の美しさは格別で、苔や植物の緑に目を奪われてしまう。分岐からは来た道に合流し、長い長いダウンヒルを満喫することができる。

8

10

8｜八経ヶ岳山頂から、大台ヶ原方面を見渡す　9｜関西最高峰、2000m級の山は空気感が違う。山岳的な怖さもある　10｜明星ヶ岳方面へ下っていく荒涼とした風景

9

12

11

11―人気の山なので道は明瞭　12―ブナ林のダウンヒルは最大のお楽しみ。秋なら落ち葉がフカフカ　13―栃尾辻側から登るハイカーは少なく、ひっそりとしている

13

立ち寄りスポット

天の川温泉

湯船にも吉野杉やヒノキ、松、カエデが使われるなど「木」にこだわった温泉で、しっとりつるつるの泉質。露天風呂・休憩室あり。味わいのある秘湯の雰囲気を楽しむことができる。吉野郡天川村坪内232　☎0747-63-0333

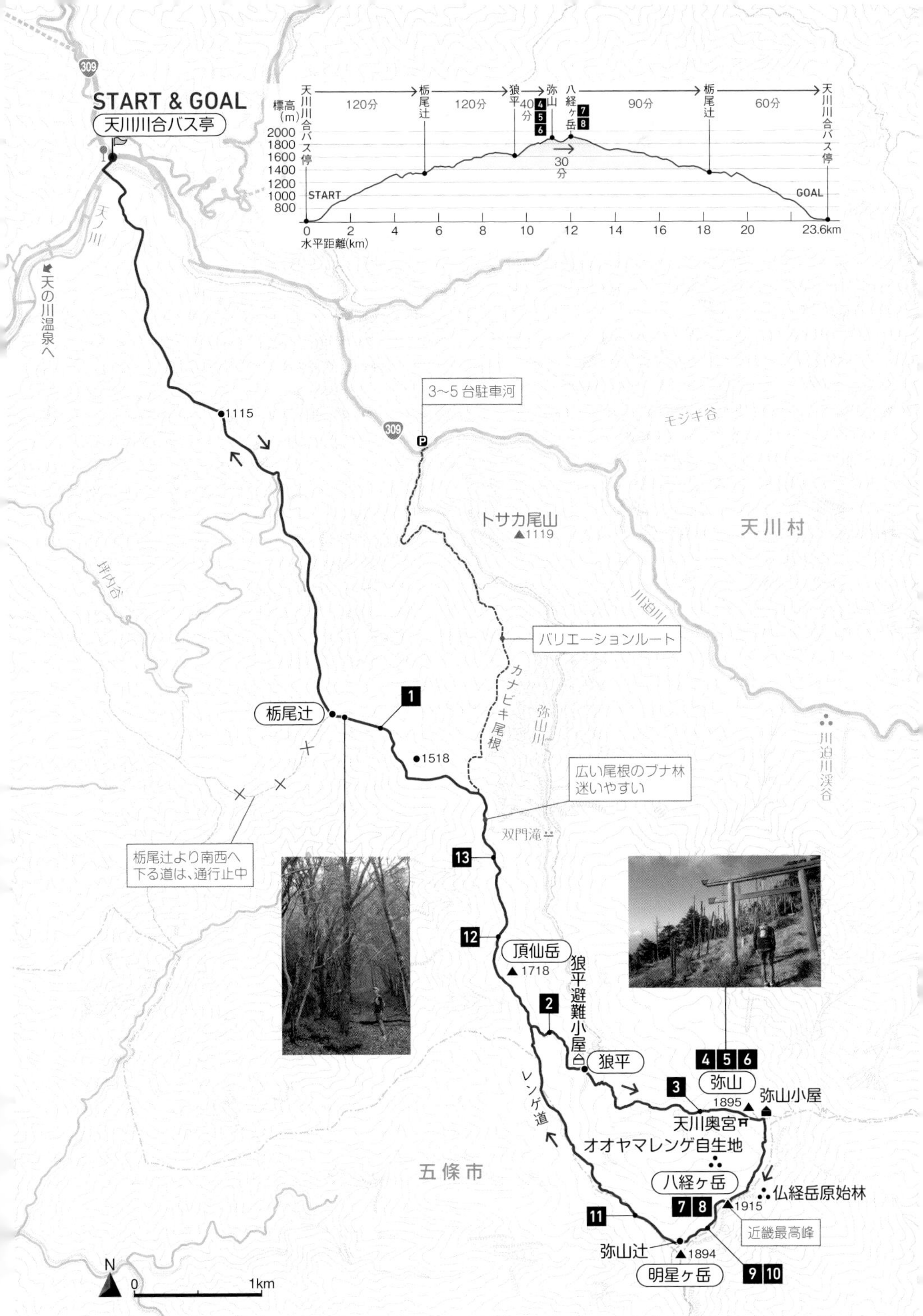

参考地図：『山と高原地図　大峰山脈』（昭文社）

23

滋賀

金勝アルプス

上桐生バス停 ➔ 鶏冠山 ➔ 竜王山 ➔ 狛坂磨崖仏 ➔ 上桐生バス停

COURSE DATA

LEVEL	1
トレイル率	4
START	上桐生バス停
GOAL	上桐生バス停
走行距離	14.2km
累積標高	998m
コースタイム	約5時間

ACCESS

車利用が一般的で、登山口に有料の駐車場がある。新名神高速道路草津田上ICから約10分。電車利用の場合は、JR草津駅東口から帝産バス30分ほどで上桐生バス停。平日・週末とも時間帯により1時間に2本ほどバス便あり。

ADVICE

上桐生の駐車場には自動販売機のみ。エリア内はよく整備されさまざまなコースがあるので、走力に合わせて組み合わせるのも楽しい。コース中、きれいな小川が多数あるが、シカが多く生息するエリアなので飲用はおすすめしない。

アルプスの名にふさわしい、関西屈指のロッキーマウンテン

3

1

1―最初の林道はウォームアップ　2―人気エリアだけに、いたるところに道標あり。初心者も安心なエリア　3―童心に帰って岩と戯れる。このエリアの正しい遊び方である

2

どこかアメリカを思わせる、岩がゴロゴロある乾いた山々を彷彿とさせる金勝（こんぜ）アルプス。時おり現われる奇岩・巨岩の風景に圧倒され、ただ岩の上に立ち、しばらくボンヤリするのもこのエリアの楽しみ方である。

駐車場から、北谷線の林道へ入り、鶏冠山のトレイルヘッドへ。コース全域が花崗岩の地盤の上にある松林で、ほかではあまり見られない明るい光景が見られる。ハイカーにも人気の隠れた名山であるため、道はよく踏まれ明瞭である。

天狗岩周辺は、巨岩が林立する岩山で、岩の周りを縫うようにトレイルがあるので、前に進むのも忘れて散策してしまう。寒い日でも日差しがあれば岩がポカポカして、休憩するにももってこいの展望地だ。

竜王山をピストンして、茶沸観音線を下る。茶仏線へとまわって、狛坂磨崖仏へ上がるコースは、西部劇に出てくる荒野を思い起こさせるようなすばらしい光景で、スピードの出る走りやすいトレイルである。

耳岩まで戻り、水晶谷線を下る。花崗岩が風化したトレイルで、スリッピーなため、しっかりしたトレイルランシューズだと安心だ。危険箇所にはクサリもあるが、初心者でもゆっくり下れば問題はないだろう。

4―岩が出てくるといろいろ遊んでしまう。ここを通らなくても大丈夫（笑） 5―一流の庭師がつくったような箱庭的な風景が堪能できる 6―花崗岩のシングルトラックはスリッピー

SHIGA KONZE ALPS

7｜急な場所にはしっかりとクサリがあるので安心　8｜巨岩、天狗岩を転がそうとする怪力ランナー　9｜天狗岩周辺は離れて眺めてもまたすばらしい。奥には琵琶湖が望める

立ち寄りスポット

大津温泉 おふろcaféびわこ座

東海道五十三次の宿場町をコンセプトにつくられた複合施設。地下1500mからくみ上げたラドン温泉が特徴で、レストランや地元のクラフトビールなどが楽しめるカフェ&バーも充実。大津市月輪1丁目9-18　☎077-544-0525

10｜平安時代に掘られたといわれる狛坂摩崖仏　11｜さまざまな岩をめぐっていると時間を忘れて遊んでしまう　12｜トレイルサーフェイスはテクニカル。しっかりとした靴を！

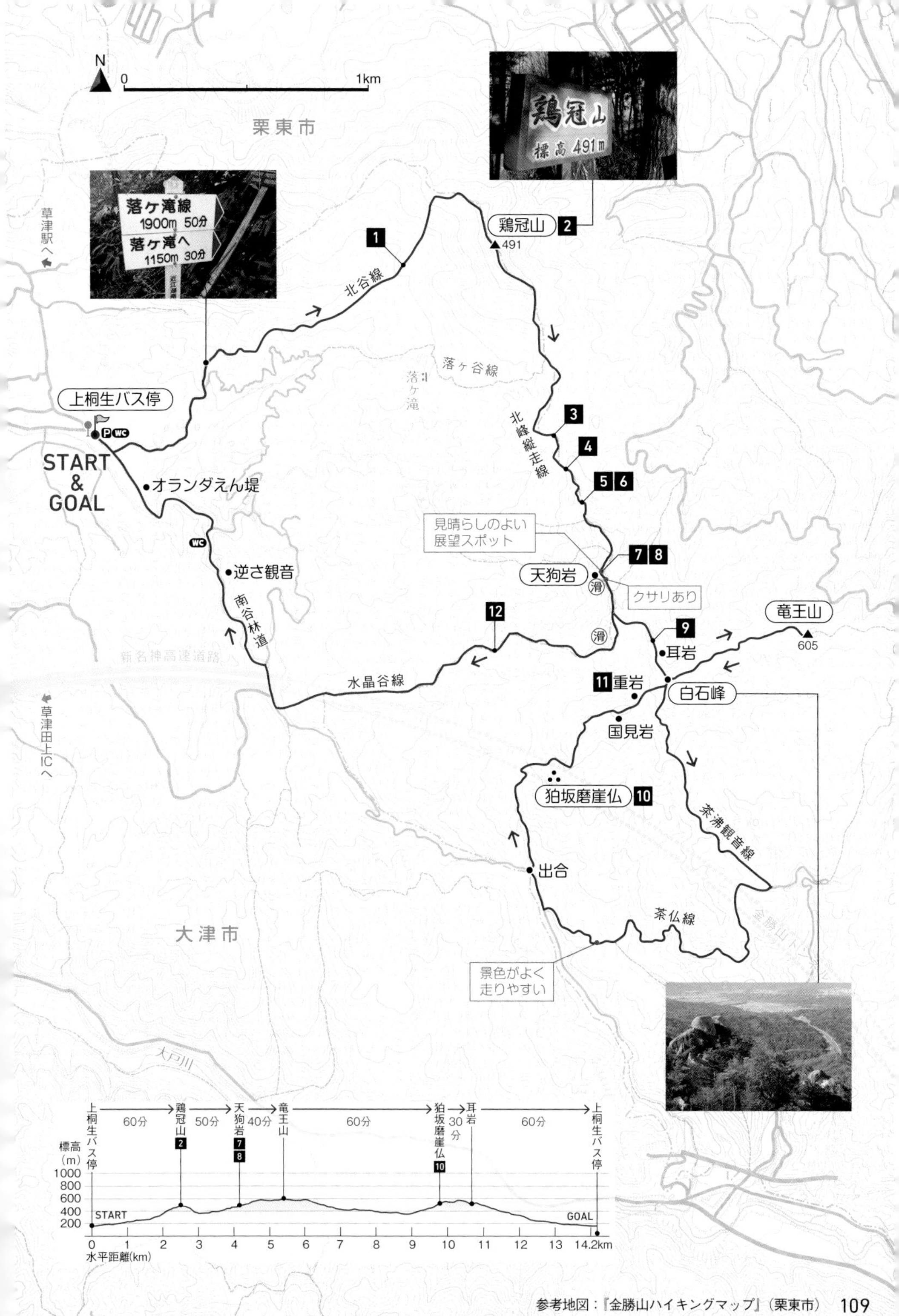
N
0
1km
栗東市
鶏冠山
標高491m
落ヶ滝線
1900m 50分
落ヶ滝へ
1150m 30分
鶏冠山
2
491
草津駅へ
1
北谷線
落ヶ谷線
落ヶ滝
上桐生バス停
START
&
GOAL
オランダえん堤
北峰縦走線
3
4
5 6
見晴らしのよい
展望スポット
7 8
天狗岩
滑
クサリあり
逆さ観音
南谷林道
12
竜王山
605
9
耳岩
新名神高速道路
水晶谷線
11 重岩
白石峰
国見岩
草津田上ICへ
狛坂磨崖仏 10
茶沸観音線
出合
茶仏線
金勝山へ
大津市
景色がよく
走りやすい
大戸川
上桐生バス停
60分
鶏冠山
2
50分
天狗岩
7
8
40分
竜王山
60分
狛坂磨崖仏
10
30分
耳岩
60分
上桐生バス停
標高(m)
1000
800
600
400
200
START
GOAL
0 1 2 3 4 5 6 7 8 9 10 11 12 13 14.2km
水平距離(km)

24

滋賀

朽木周辺

グリーンパーク想い出の森 ➔ 谷ヶ峰 ➔ 栃尾バス停 ➔ 白倉岳 ➔ 道の駅くつき新本陣

COURSE DATA

LEVEL	4
トレイル率	4
START	グリーンパーク想い出の森
GOAL	道の駅くつき新本陣
走行距離	26.2km
累積標高	2155m
コースタイム	約7時間

ACCESS

車利用が一般的。京都市内から1時間ほど。バス利用の際は堅田駅・出町柳駅からバス便があるが本数は少ない。途中の栃生バス停からコースの半分を走るパターンも可。道の駅からくつき温泉まで無料シャトルバスあり（要予約）。

ADVICE

コース上に補給ポイントはないので水・食料は多めに持つこと。途中の栃尾バス停でエスケープは可能。上級者向けのコースなので地図読みは必須。不慣れな方はGPSを必携のこと。トレイルのマーキングはしっかりしている。

豊かな自然林を満喫できる山岳トレイルコース

SHIGA AROUND KUTSUKI

4

1

1—グリーンパーク想い出の森をスタート。車ならデポ可　2—蛇谷ヶ峰への登りは豊かな自然林　4—蛇谷ヶ峰は武奈ヶ岳よりマイナーだが展望は負けていない

2

3

6

6—自然林の中にうっすらトレイルがある。テープは豊富
7—コース前半は終始展望がよい。半分でも充分な満足度

3—蛇谷ヶ峰への登りは急登もあるので、ペース配分に注意 5—徐々に降雪地帯らしい低木中心の森になる

7

5

このコースの一番の美点は、知られざる豊かな森を走ることができるところだが、その分、あまり人の入っていない山域であり、アップダウンも激しい。登山的な要素も多いことから、しっかりとした技術・体力・装備が求められる。自信のない初・中級者はまずは半分に分けて走ってみることをおすすめする。

まずは蛇谷(じゃがたに)ヶ峰をめざして明るい森を登っていく。標高差は700ｍあり、先も長いので慎重に。山頂からは遠くに琵琶湖が望める。ここからイワワタ峠までの稜線ランニングは本コース前半のハイライト。ワイルドだが尾根が広く走りやすい。

比良山地の最高峰・武奈ヶ岳や釣瓶ヶ岳の山容を楽しみつつ、イワワタ峠から国道へ向かって樹林帯のつづら折りのダウンヒルが続く。国道を渡って白倉岳への登り返しは最もハードなセクション。ゆっくり進もう。白倉岳からはフカフカの極上トレイルが始まる。この部分に体力を温存しておくことがこのコースの楽しみ方である。テープはあるが、トレイルはわかりづらい部分もあるので、スピードを出しすぎて、コースを見失わないように。

同行者がいる場合、離れてしまうと合流しづらい。お互い見える範囲で走ろう。

8

10

9

11

8｜栃尾バス停に向かっては激下り　9｜南岳で安心することなかれ。まだピークが2つある　10｜妖精が住む!?といわれる森を行く　11｜自然林なのに公園のような整然とした尾根　12｜雲洞谷山へも少し登り返し　13｜最後まで自然林が続く

12

13

立ち寄りスポット

くつき温泉てんくう

グリーンパーク想い出の森内にある天然温泉。バンガローやオートキャンプ場があり、宿泊や食事もできる。道の駅くつき新本陣からシャトルバスがある（要予約）。
高島市朽木柏341-3
☎0740-38-2770

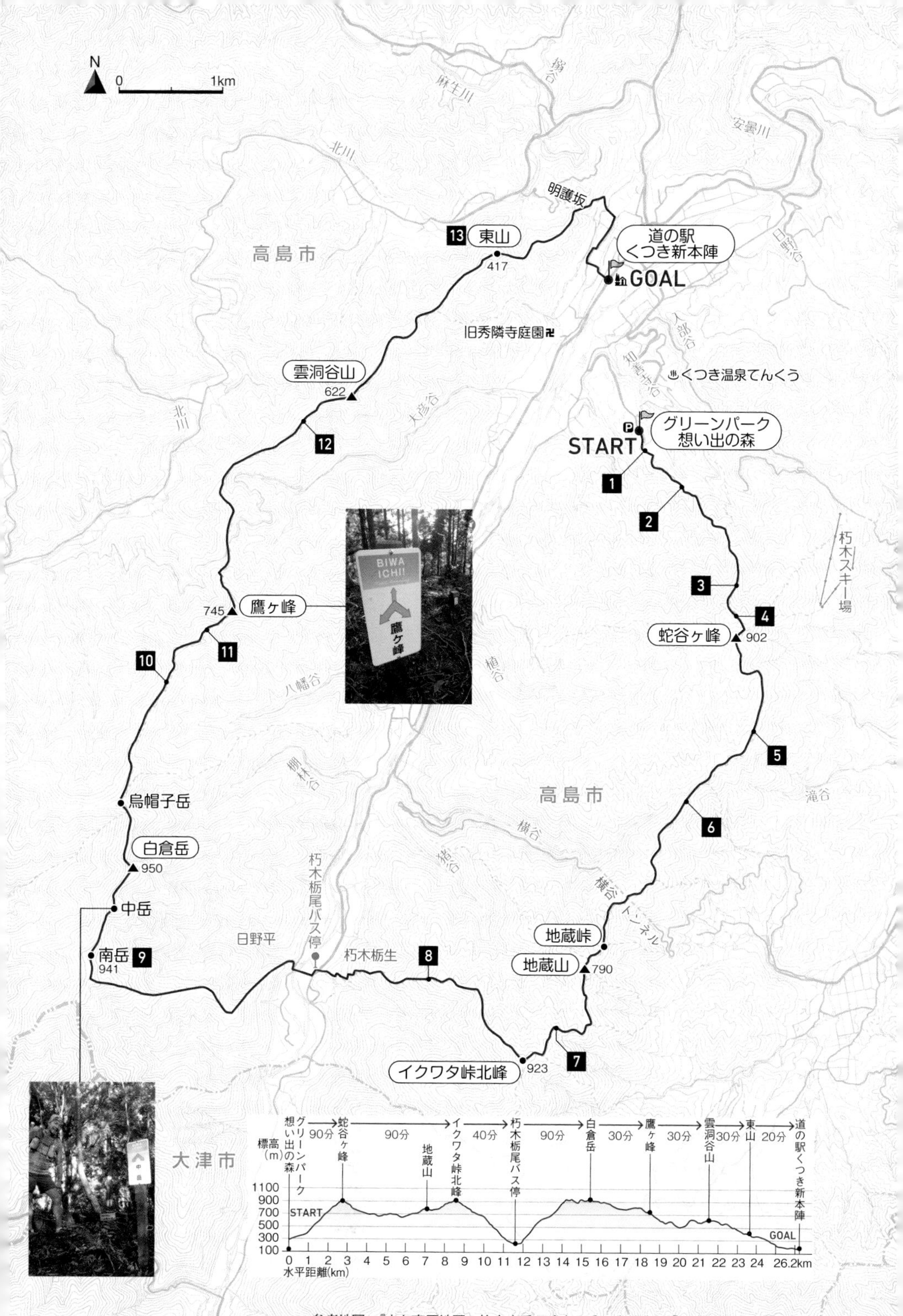
N
0
1km
高島市
大津市
麻生川
北川
安曇川
明護坂
13 東山
417
道の駅
くつき新本陣
GOAL
旧秀隣寺庭園
雲洞谷山
622
12
くつき温泉てんくう
グリーンパーク
想い出の森
START
1
2
3
4
蛇谷ヶ峰
902
朽木スキー場
鷹ヶ峰
745
11
10
八幡谷
植谷
5
6
滝谷
横谷
烏帽子岳
白倉岳
950
中岳
南岳
941
9
日野平
朽木栃尾バス停
朽木栃生
8
地蔵峠
地蔵山
790
トンネル
7
イクワタ峠北峰
923
BIWA
ICHII
鷹ヶ峰
中岳
グリーンパーク想い出の森
90分
蛇谷ヶ峰
90分
地蔵山
イクワタ峠北峰
40分
朽木栃尾バス停
90分
白倉岳
30分
鷹ヶ峰
30分
雲洞谷山
30分
東山
20分
道の駅くつき新本陣
標高(m)
1100
900
700
500
300
100
START
GOAL
0 1 2 3 4 5 6 7 8 9 10 11 12 13 14 15 16 17 18 19 20 21 22 23 24 26.2km
水平距離(km)

25

滋賀

比良山縦走

JR近江高島駅 ➔ 岩阿沙利山 ➔ 寒風峠 ➔ 釈迦岳 ➔ 比良とぴあ

COURSE DATA

LEVEL	1
トレイル率	3
START	JR近江高島駅
GOAL	比良とぴあ
走行距離	20.8km
累積標高	1601m
コースタイム	約6時間20分

ACCESS

JR湖西線近江高島駅がスタート。途中の寒風峠からエスケープして北小松駅へ下ることもできる。ゴールは比良とぴあ。比良トピアの温泉に入ったあと、送迎バスを利用して比良駅へ向かう手もある。1日6便。当日のみ予約を受付け。

ADVICE

近江高島駅前にコンビニがある。コース上に水場はないので水は充分に持つこと。岳山までの登りを終われば、あとは比較的走りやすいトレイルが続く。寒風峠から釈迦岳の登りはなかなか走り応えがある。大津ワンゲル道は悪路。

琵琶湖を見下ろしながら走る見晴らしのよい稜線ラン

4

1

1｜長谷寺の脇からトレイルイン。しっかりした道標あり 2｜歴史を感じさせる古い道標がある 4｜白坂は砂漠のような光景で、おもしろい写真が撮れるスポット

2

3―低山だが見晴らしのよい明るい山域。琵琶湖を見下ろす風景もすばらしい　5―岳山にある石造観音三尊　6―オウム岩はすばらしい眺望　7―道標はとてもしっかりしている

古くから岳人の間で、アルプス登山のためのトレーニングの場として親しまれてきた比良山。冬の豪雪のためか低木が多く、見晴らしがよいため、琵琶湖を眺めながら気持ちよくランニングを楽しむことができるエリアだ。

スタートの近江高島駅から長谷寺をめざし、境内から岳山へのトレイルへ。すぐ、風化した花崗岩の砂漠のような光景で有名な白坂に到着する。岳山からは、時おり現われる奇岩を縫うように走りつつ、武奈ヶ岳方面や琵琶湖の景色に癒やされながら、稜線の細かいアップダウンを満喫しよう。

岩阿砂利山はその名の通り岩が乱立し、古くから登られているロッククライミングのゲレンデもある。

寒風峠から釈迦岳は走り応えのある登りだが、タンヤマノ頭の見晴らし台で充分に休憩してから、がんばって登ろう。釈迦岳からは、大津ワンゲル道を下る。やせた細い尾根で、やや上級者向け。急な傾斜や、ガレ場にはロープもあるが、ゆっくり慎重に下ろう。体力的に余裕がない人や初心者は西側の尾根を下ってイン谷口へ向かったほうが無難である。イン谷口からはロードを2km走れば比良トピアの温泉に到着することができる。

SHIGA HIRASAN TRAVERSE

8—寒冷地のためところどころブナ林も　9—四季を感じられる自然林の中を行く　10—北側は武奈ヶ岳方面への展望。遠くには高島トレイルが見える　11—南側の琵琶湖を見下ろす景色はすばらしいの一言

立ち寄りスポット

天然温泉 比良とぴあ

イン谷口から2kmほど下ったところにある天然温泉。泉質がすばらしく、一日の疲れを癒やしてくれる。JR比良駅まで無料送迎バスがある。予約が必要な時間帯もあるので要確認。大津市北比良1039-2　☎077-5968388

12—ヤケオ山界隈は荒涼とした稜線　13—大津ワンゲル道は激下り。最後にケガをしないよう慎重に下ろう

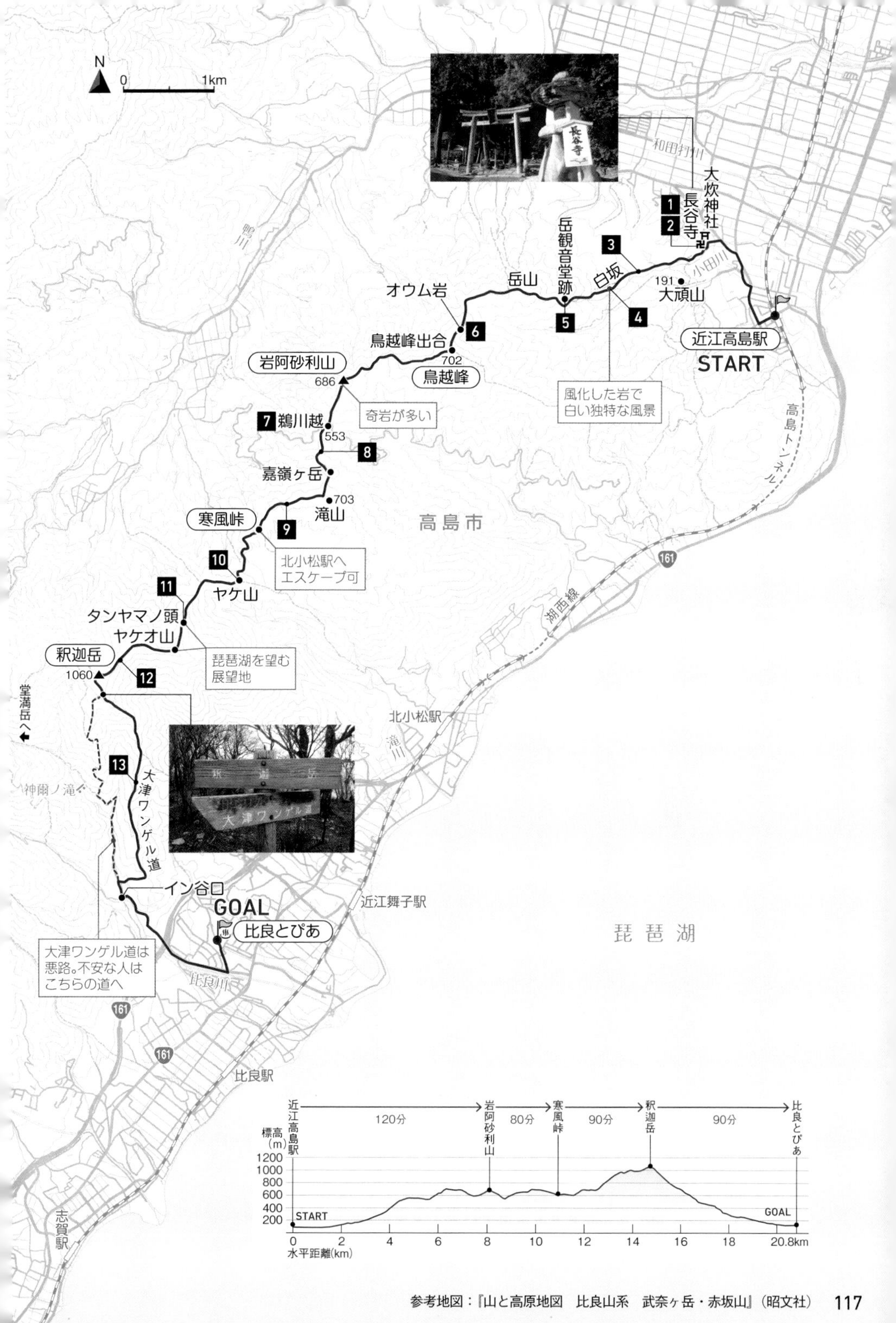

参考地図：『山と高原地図　比良山系　武奈ヶ岳・赤坂山』（昭文社）

26

和歌山

高野山 町石道・女人道

南海九度山駅 ➜ 大門 ➜ 女人道 ➜ 金剛峯寺 ➜ 南海極楽橋駅

COURSE DATA

LEVEL	2 / 4
トレイル率	3 / 4
START	南海九度山駅
GOAL	南海極楽橋駅
走行距離	40.8km
累積標高	2155m
コースタイム	約6時間10分

ACCESS

町石道を走る場合は南海高野線九度山駅から慈尊院を目指してスタート。女人道を走る場合は極楽橋駅をスタート&ゴールにして周回できる。高野山上ではバス便がありケーブルと併用して極楽橋駅へエスケープ可。

ADVICE

レベルに応じて町石道・女人道・黒河道を組み合わせてさまざまな距離にすることができる。高野山の上には飲食店やコンビニもある。九度山駅にロッカーあり。極楽橋駅には荷物預けサービス（有料）がある。

空海が眠る聖地をトレイルランで巡礼

7

1

1—慈尊院から柿畑の中を登る。季節によって無人販売あり 3—町石道の二ツ鳥居。展望台でもある 7—高野三山を含む女人道はフラットなサーフェイスが多く穏やか

3

2｜特徴的な形をした町石が一町ごとに置かれている　4｜最後の急な坂を登りきると朱塗りの大門が待つ。両脇に金剛力士像がある　5｜いにしえの人々に思いをはせつつ走る

1200年以上前、空海が聖地として開創し、今もなお多くの人を集める高野山は、標高1000m近くに突如として現われる山上盆地。町石道は山上への参道であり、巡礼者は一町（109m）ごとに町石の前で合掌して進んだといわれている。20kmほどの登り基調のトレイルを進むと、ゴールには荘厳な雰囲気の大門が待ち受ける。

女人道とは、女人禁制だった時代に高野山の境内に入れなかった女性が周囲を取り囲む山々をめぐってお参りした道。盆地を取り囲むように峰々が連なり、その山容は「蓮の花が開いたような」と形容される。その峰々をつなぐ道は穏やかなアップダウンで、トレイルランに適している。

世界遺産にもなっている高野山だが、電車とケーブルや車を使ってアクセスするよりも、空海の時代同様に、町石道を使って参拝するほうがこの聖地の意味を感じることができるはず。それを日帰りでできるのはトレイルランナーの特権といえよう。

高野山には宿坊やゲストハウスもあり、多くの寺院の参拝も兼ねて泊まりで訪れるのもおすすめである。

町石道片道なら20km、往復で40km、女人道を追加すれば60kmと組み合わせ次第で、好みの距離を設定できるのも魅力だ。

6

9

8

11

10

6—山上盆地を取り巻く峰々を進む。展望はよい **8**—がんばればほとんど走れる道だ **9**—いったん奥の院の境内に入る。紅葉の季節はすばらしい **10**—摩尼山をめざして巨木の中を登っていく **11**—転軸山周辺はテクニカル

立ち寄りスポット

ゲストハウスKokuu

自身も旅人だったご夫婦が経営する高野山初のゲストハウス。旅人同士が交流しやすい、シンプルだがモダンな造り。カプセルタイプの部屋で、一人旅でも安心して利用できる。

高野町高野山49-43　☎0736-26-7216

12

13

12—高野山内には寺院が立ち並ぶ **13**—極楽橋から上がると女人堂がある。1872年まで女性は山内に入れなかった

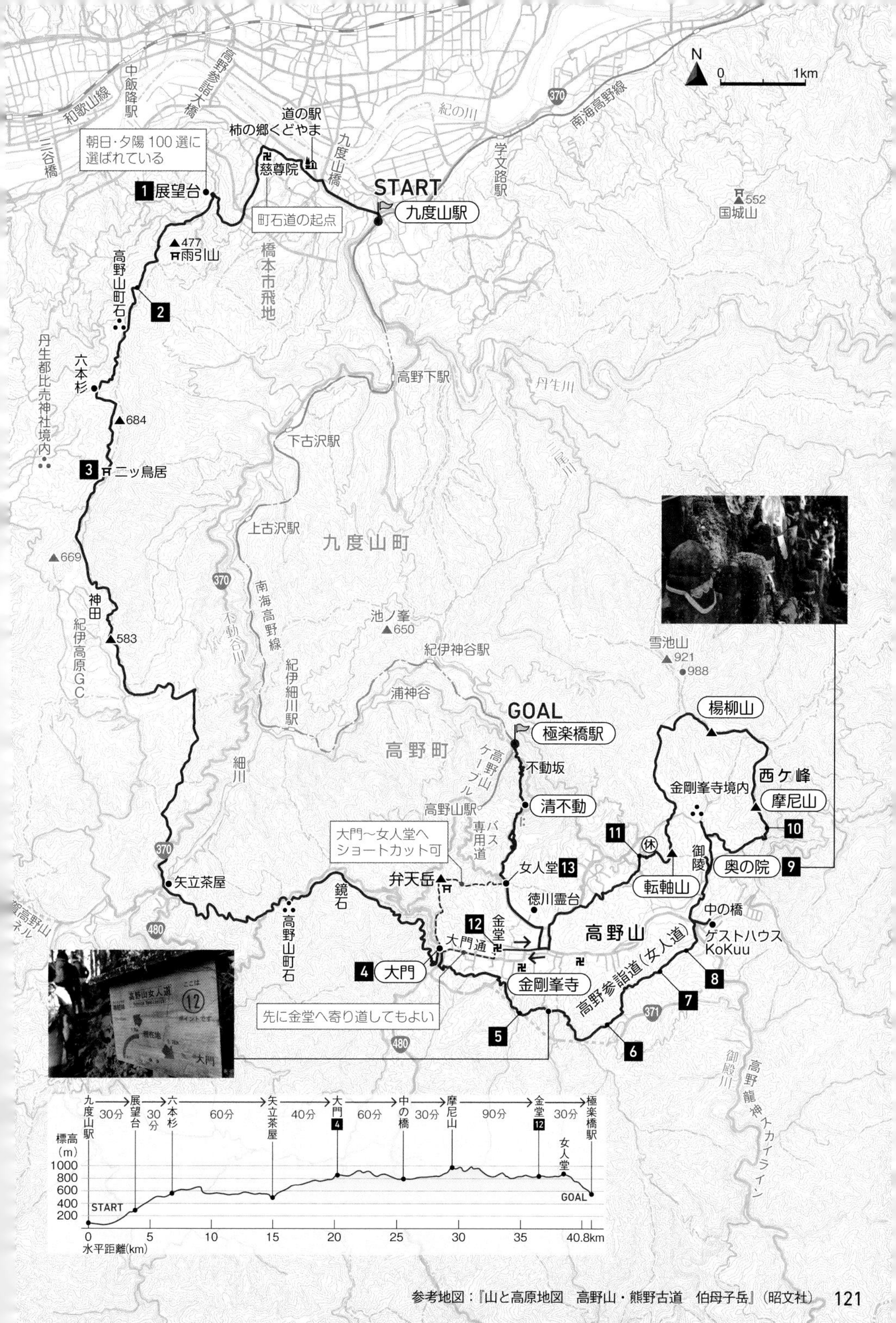

参考地図：『山と高原地図　高野山・熊野古道　伯母子岳』（昭文社）

奈良・和歌山

大峰奥駈道

金峯山寺 ➔ 八経ヶ岳 ➔ 釈迦ヶ岳 ➔ 太古ノ辻 ➔ 玉置神社 ➔ 熊野本宮大社

1300年の歴史を持つ関西最難のウルトラトレイル

世界遺産「紀伊山地の霊場と参詣道」の最難ルートであり、過酷なアップダウンと険しい悪路、エスケープの難しさから人を寄せつけない雰囲気を持つ道。

金剛・葛城で修行を重ねた役行者が晩年に開いた道といわれ、1300年前につけられたこの「大峰奥駈」という名には、どこかロングトレイルランニングを思わせる響きがある。

この道が奥地であることを実感させられるのは太古ノ辻以降で、涅槃岳を越えると過酷さが倍増すると同時に、森の美しさも際立ってくる。

全行程ワンプッシュが難しければ、避難小屋利用で2〜3泊しながら走ることもおすすめである。

太古ノ辻。「これより南奥駈道」という看板に身が引き締まる

COURSE DATA

LEVEL	3 / 4
トレイル率	4 / 4
START	金峯山寺
GOAL	熊野本宮大社
走行距離	95km
累積標高	8500m

笠捨岳を越えると、クサリ場が連続する地蔵岳へ

釈迦ヶ岳山頂は修験者が祈祷を行なう「靡（なびき）」のひとつでもある

●最速記録（FKT）／22時間47分／新名健太郎

TRAIL COURSE

奈良・三重 台高山脈トレイル

たかすみ温泉 ➔ 高見山 ➔ 池木屋山 ➔ 日出ヶ岳 ➔ 尾鷲市

地図読み上級者向けの自然豊かな山脈

屋久島以外で最も降雨量が多い森がこの台高山脈だ

同じ奈良県南部にありながら、隣の大峰山脈よりもマイナーな存在である台高山脈。百名山である大台ヶ原山の主峰・日出ヶ岳や高見山・明神平以外は普段はほとんど人が入らない原始林のような雰囲気を持つ山が続く。

トレースは薄く、テープ類も少ない。GPSを持っている人でも迷うほどわかりにくい地形もあり、体力と地図読み能力に充分な余裕がないと全走破は難しい。

その分、森は美しく、人里離れた踏み跡のない森を延々と走り続けられる独特な感覚は、国内でもこの山脈でしか味わえないと言っても過言ではない。

尾鷲まで走り抜けることがおすすめだが、まずは大台ヶ原ビジターセンターまででも充分に手応えのある目標になる。

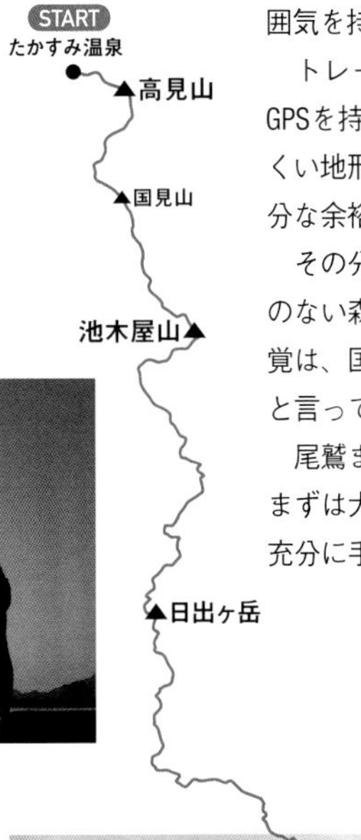

ゴールの尾鷲の海まで到達できれば達成感は最高クラス

尾鷲道に入ると雰囲気が変わり明るく開けた山々が続く

COURSE DATA

LEVEL 1 2 3 4

トレイル率 1 2 3 4

START	たかすみ温泉
GOAL	尾鷲市
走行距離	82km
累積標高	7000m

●最速記録(FKT) ／21時間30分／阪田啓一郎・新名健太郎

ウルトラダイヤモンドトレイル

大阪・奈良・和歌山

二上神社口駅 ➡ 金剛山 ➡ 岩湧山 ➡ 和泉葛城山 ➡ 四石山 ➡ 雲山峰 ➡ みさき公園

海をめざして走り続ける関西ウルトラトレイル入門編

シンプルに海をめざしてひたすら走る、ダイヤモンドトレイルの延長版。市街地からアクセスがいいうえに、100km以上も走りやすいトレイルが続いていることは、極めて珍しく、恵まれた環境といえる。

滝畑からは、槇尾山方面へ行かず千本杉峠をめざす。和泉葛城山や犬鳴山、ササ峠周辺はロードも出てくる。途中で犬鳴山、桜地蔵、山中渓からエスケープできるのがありがたいが、その分、途中敗退の誘惑に負けてしまわないように。四石山前後はルートが不明瞭なので注意したい。

流行のロングトレイルの練習などにもちょうどよいコースだが、途中、楠畑などで住宅地を通る部分は日中に走行することを厳守してほしい。

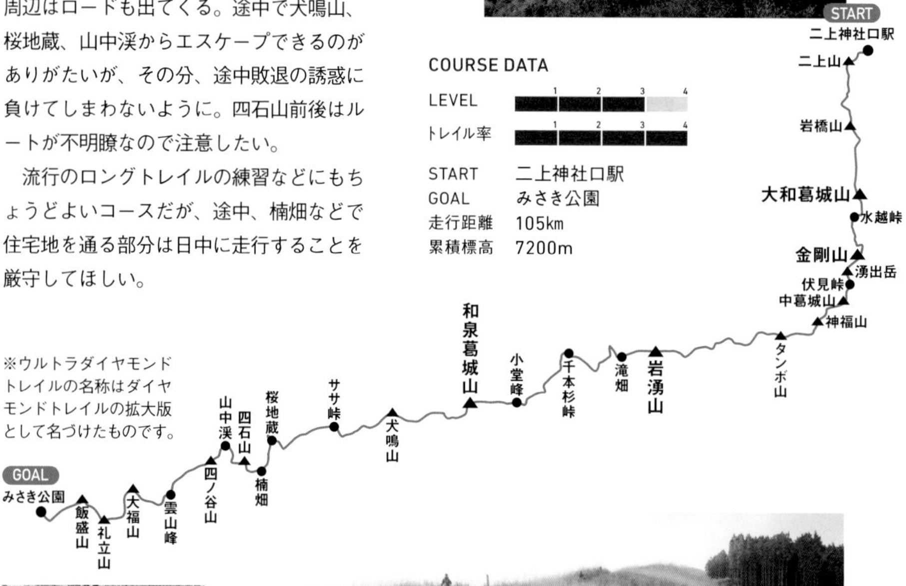

※ウルトラダイヤモンドトレイルの名称はダイヤモンドトレイルの拡大版として名づけたものです。

終始、大阪平野を見下ろしながら走る

COURSE DATA

	1	2	3	4
LEVEL	■	■	■	
トレイル率	■	■	■	■

START　二上神社口駅
GOAL　みさき公園
走行距離　105km
累積標高　7200m

OSAKA・NARA・WAKAYAMA
ULTRA DIAMOND TRAIL

自然林が多く走りやすいが、犬鳴山〜ササ峠間は松茸シーズン（10月11月）は入山自粛のこと

岩湧山からの下りは最高！

●最速記録（FKT）／18時間30分／山下勝司・新名健太郎

TRAIL COURSE

滋賀・福井・京都

高島トレイル

愛発越 ➡ 大谷山 ➡ 水坂峠 ➡ 百里ヶ岳 ➡ 三国岳 ➡ 朽木桑原

美しいブナ林を楽しむ中央分水嶺トレイル

日本海側と太平洋側を区切る分水嶺の山々をつなぐコース。豊かな自然のなか、美しいシングルトラックのトレイルを存分に走ることができる。特にブナ林の美しさは格別で、新緑の春と紅葉の秋、どちらの季節にも訪れたい。南側に琵琶湖、北側には若狭湾が望め、季節に彩られた山々と相まって、見る者を楽しませてくれる。

水坂峠よりも北部の大谷山・赤坂山を中心とする見晴らしのよいエリアは日帰りハイカーにも人気だが、ランナーの機動力を生かして南部の駒ヶ岳・百里ヶ岳周辺の森にも足を延ばしてみてほしい。

市販されているマップには水場が数箇所記載されているが、浄水器を持参することをおすすめする。

大谷山山頂にて。初めてこのコースをワンデイで走り抜けたメンバーと

80kmにわたって美しくもハードなシングルトラックが続く

赤坂山周辺の明るい山々

SHIGA・FUKUI・KYOTO

TAKASHIMA TRAIL

COURSE DATA

LEVEL	3 / 4
トレイル率	4 / 4
START	愛発越
GOAL	朽木桑原
走行距離	82km
累積標高	7600m

●最速記録（FKT）／18時間55分／山下勝司・青柳彰吾・新名健太郎

各種ギアについてはもちろん、トレイルランのさまざまな相談にものってくれる関西エリアのショップを厳選紹介！

1

ビギナーならまずはココ
お店の裏山はまさにトレラン天国

OBSきさいち
アウトドアベースソトアソ

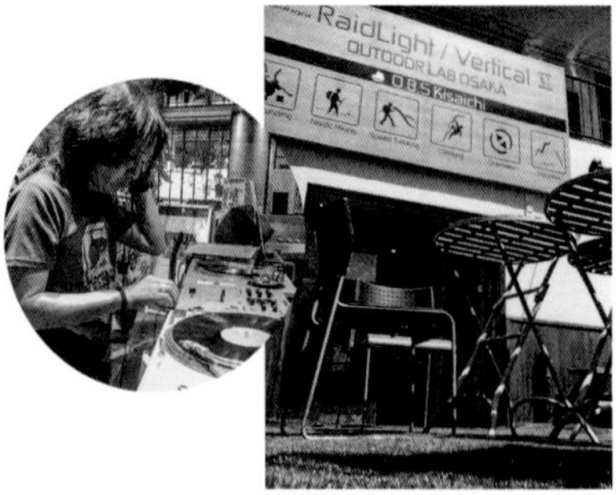

所在地：大阪府交野市私市山手3-1-14-1F　☎072-807-8916
営業時間：平日12時〜19時、土・日・祝日9時〜18時
定休日：月曜・火曜（祝日の場合は営業）　https://sotoaso.jp/

くろんど園地、ほしだ園地という絶好のトレイルランフィールドの入り口となる、京阪私市駅前徒歩30秒という絶好の立地。ショップ内にはシャワーブースもあり、ランステーションとしても利用できるうえ、カフェも併設しており、ラン後にくつろぎの時間も過ごせる。初心者向けのランニングイベントなどを多数企画しているので、トレイルランの始め方がわからないビギナーも、気軽にスタッフに相談できる。

2

関西ラン界の老舗ショップ
ロードもトレイルランもOK

ランウォーク
スタイル

所在地：大阪市中央区森之宮中央1-3-1　☎06-6941-8560
営業時間：平日12時〜20時、土・日・祝日11時〜19時
定休日：月曜　www.run-walk.jp/info/

関西のトレイルランブームの火つけ役であり、ランニングの聖地・大阪城公園近くにある老舗ショップ。シューズの品揃えはロード・トレイルともに豊富で、ジェルなどの補給食やサプリの品揃えも圧倒的。ランステーションとしても使用できるので、まずは仕事帰りや休日に、大阪城公園を走りがてら訪れるのがおすすめ。ショップオリジナルの「ユレニクイ」ウエストポーチやリュックも製造・販売している。

3

奈良の山情報はおまかせ！ オシャレ度はNo.1

ヨセミテ

所在地：奈良県橿原市葛本町147-3
☎0744-23-4730
営業時間：11時～20時　定休日：水曜
http://yosemite-store.com

ダイトレ・大峰・台高というディープなフィールドにほど近く、オーナーが自ら山を走った経験からトレイルランギアやフィールドについての情報も得られる貴重なお店。テント泊のためのギア類も豊富にそろう。また、ほかのショップでは見られないようなレアなアイテムやおしゃれなウェアも多数取りそろえており、お店の中を探してみると新しい発見があるかも。奈良のフィールドで遊んだ帰りなどにぜひ訪れてみたい。

4

コア層が絶大な信頼を寄せる 唯一無二のプロショップ

スカイハイ マウンテンワークス

所在地：兵庫県芦屋市西山町11-6 2F　☎0797-34-3299
営業時間：12時～19時　定休日：不定休
http://Skyhighmountainworks.com

トレイルランナーでありクライマーであるオーナーが厳選した、本当に使えるこだわりのアイテムを取りそろえるハードコアなショップ。店内にはコアなギア＆ウェアが所狭しと並んでおり、そのひとつひとつが必ず役に立つ、頼れるものばかり。六甲山の玄関口である阪急芦屋川駅から徒歩45秒の立地。ラン後に立ち寄ってオーナーと話をすれば、お店を出るときには、きっとアウトドア熱が高まっているはずだ。

執筆者紹介

新名健太郎（しんみょうけんたろう）

1975年、大阪府生まれ。ウルトラランニングとトラッドクライミングをライフワークとする山岳ガイド。JAGU（ジャパン・アルパイン・ガイド組合）所属。大峰奥駈道・台高山脈のワンデイ全山縦走やOTN（小浜～那智）初踏破の記録を持つ。奈良市在住。

●担当コース＝01、02、04～09、16、18～26

北野拓也（きたのたくや）

1972年、東京都生まれ。現在、兵庫県の六甲山の麓でアウトドアショップを営みながら、ハイキング、トレイルランニング、クライミングをミックスさせたスタイルで、日々未知なるルートに分け入っている。

●担当コース＝10、11、12、13

森 理恵（もりりえ）

1979年、京都府生まれ。趣味で始めたマラソンのトレーニングの一環として誘われたトレイルランニングでその魅力に取り憑かれ、想いが募り、アウトドアメーカーに転職。京都を拠点に、関西周辺の山々を楽しんでいる。

●担当コース＝14、15、17

菊川光徳（きくがわみつのり）

1968年、大阪府生まれ。大阪と奈良にまたがる生駒山系の麓を拠点とするアウトドアショップを経営。平日午前中など空き時間に"街に近い里山を駆ける"ライフスタイルを実践。いつまでも本気でソトアソビを愉しむオトナを増殖中。

●担当コース＝03

大阪・兵庫・京都・奈良・滋賀・和歌山
新版・関西トレイルランニングコースガイド

2021年3月15日　初版第1刷発行

発行人	川崎深雪
編者	山と溪谷社 アウトドア出版部
発行所	株式会社山と溪谷社 〒101-0051 東京都千代田区 神田神保町1丁目105番地 https://www.yamakei.co.jp/ ■ 乱丁・落丁のお問合せ先 山と溪谷社自動応答サービス TEL:03-6837-5018 受付時間／10:00～12:00、 13:00～17:30（土日、祝日を除く） ■内容に関するお問合せ先 山と溪谷社 TEL.03-6744-1900（代表） ■書店・取次様からのお問合せ先 山と溪谷社受注センター TEL.03-6744-1919 FAX.03-6744-1927
印刷・製本	大日本印刷株式会社

Printed in Japan
ISBN978-4-635-15034-7

執筆	新名健太郎、北野拓也、 森 理恵、菊川光徳
写真	新名健太郎、北野拓也、 森 理恵、菊川光徳
ブックデザイン	吉田直人
編集	久田一樹（山と溪谷社）
地図制作	北村優子（シグメディア）
イラスト	鈴木海太
校正	戸羽一郎

＊本書の地図は、国土地理院長の承認を得て、同院発行の2万5千分の1地形図を複製したものである。